westermann

FiNALE
Klassenarbeitstraining

8/9 **Deutsch**
Real- und Gesamtschule

FiNALE
Klassenarbeitstraining

8/9   **Deutsch**
Real- und Gesamtschule

Autorin:
Sonja von der Heyde

westermann GRUPPE

© 2018 Westermann Lernspielverlage
www.westermanngruppe.de

Druck [1] / Jahr 2018

Redaktion: imprint, Zusmarshausen
Kontakt: lernhilfen@westermanngruppe.de
Illustrationen: Bettina Kumpe, Braunschweig
Umschlaggestaltung: Gingco.Net, Braunschweig
Umschlagfoto: Gingco.Net, Braunschweig
Innenlayout: Maike Frach, Braunschweig
Druck und Bindung: westermann druck GmbH, Braunschweig

ISBN 978-3-7426-**0075**-2

Vorwort

Liebe Schülerin, lieber Schüler,

mit diesem Buch gelangst du in drei Schritten zur erfolgreichen Klassenarbeit:

 Verstehen: Lerne und wiederhole wichtige **Regeln**. Ausführliche Beispiele und Erklärungen erleichtern dir das Verstehen.

 Üben: Abwechslungsreiche **Tests** üben den Lernstoff ein. Wenn du dir einmal nicht sicher bist, wie eine Aufgabe gelöst wird, schaue in den Regeln nach.

 Können: Genug geübt? Dann schreibe eine **Klassenarbeit** wie in der Schule! Die Zeitangabe auf jeder Klassenarbeit gibt an, wie viel Zeit dir zur Verfügung steht.

Mithilfe des **Lösungsteils** hinten im Buch kannst du kontrollieren, ob du alle Aufgaben richtig bearbeitet hast.
Hier findest du auch den Bewertungsschlüssel für die Klassenarbeiten.
Vor dem Lösungsteil findest du den **Anhang** mit Übersichten zu sprachlichen Mitteln und Textsorten.

Ein Symbol begleitet dich durch das Buch: Der Smiley macht dich auf Tipps und Tricks aufmerksam.

✳ Die Aufgaben in den Tests und Klassenarbeiten haben drei unterschiedliche
✳ Schwierigkeitsstufen. Es gibt Aufgaben mit einem, zwei oder drei Sternen.
✳ Je mehr Sterne vor einer Aufgabe stehen, desto schwieriger ist sie.

Solltest du einmal nicht genug Platz zum Bearbeiten der Aufgaben finden, nimm einfach ein Heft zur Hand.

Viel Erfolg bei der nächsten Klassenarbeit!

Sonja von der Heyde

Inhaltsverzeichnis

1 Zu einem Bild erzählen

In diesem Kapitel geht es darum, wie du eine **Erzählung** oder einen **Audioguidetext** zu einem Bild schreibst.
Du wiederholst,
- wie du das Bild erschließt,
- wie du für eine Erzählung Ideen sammelst,
- wo du das Bild in deiner Erzählung platzieren kannst,
- welche Erzählperspektiven es gibt,
- wie du eine Erzählung ausgestaltest (Sprache und Aufbau),
- was ein innerer Monolog ist,
- was du beim Verfassen eines Audioguidetextes beachten musst.

Eine Erzählung zu einem Bild schreiben

Bei dieser Art von Klassenarbeit bekommst du ein Bild, zu dem du eine Geschichte erzählen sollst. Das Bild selbst sollte wesentlicher Bestandteil deiner Geschichte sein, deshalb ist es wichtig, es genau zu betrachten.

Das Bild erschließen

Im **ersten Schritt** solltest du das Bild also ganz **genau betrachten** und mithilfe der W-Fragen erschließen.
Folgende Fragen können dir helfen:
- Welchen Ort zeigt das Bild?
- Wie ist die Stimmung an diesem Ort?
- Welche Personen sind zu sehen?
- Was tun diese Personen an diesem Ort?
- Was fällt dir besonders auf? Gibt es besondere Farben, Gegenstände, Bewegungen?

Eigene Ideen zum Bild sammeln

In einem **zweiten Schritt** solltest du dich in das Bild hineinversetzen. Du darfst jetzt **Fantasie** entwickeln. Du sollest dich aber nicht vom Bild entfernen.
Auch hier kannst du dir einige Fragen stellen:
- Welchen Ort zeigt das Bild?
- Welche Jahreszeit ist zu erkennen, welches Wetter herrscht?
- Welche Sinneswahrnehmungen haben die Personen?
- Was könnten diese Personen denken und fühlen?
- Wer sind die Personen? (Name, Alter, Eigenschaften, Beziehung zueinander)
- Könnte noch eine weitere Person eine Rolle spielen, die nicht im Bild ist?

- Wie könnte die dargestellte Situation entstanden sein?
- Was könnte danach geschehen?

Sammeln könntest du deine Ideen in einer Mindmap, die dir später als Stoffsammlung dienen kann.

Das Bild in der Erzählung platzieren

Vor dem Schreiben musst du dich nun entscheiden, an welcher Stelle deiner Erzählung die Situation auf dem Bild stehen soll. Da hast du folgende Möglichkeiten:

1. Das Bild wird im **Hauptteil** deiner Erzählung aufgegriffen. Dann verfasst du deine Erzählung im **Präteritum**.
2. Das Bild wird in der **Einleitung** und im **Schluss** aufgegriffen und ist somit Teil der **Rahmenerzählung**. Diese Rahmenerzählung verfasst du im **Präsens**. Im Hauptteil kannst du dann die Vorgeschichte zum Bild schreiben oder auch eine Erinnerung, die du dann im **Präteritum** verfasst.

Die Erzählperspektive auswählen

Bevor du mit dem Schreiben beginnst, musst du dir überlegen, wer die Geschichte erzählen soll. Hier kannst du zwischen zwei Erzählperspektiven wählen:

Die Ich-Form:
Bei dieser Erzählperspektive schlüpfst du **in die Rolle einer Person**, die auf dem Bild vorkommt, und erzählst alles aus der Sicht dieser Figur. Du kannst dann allerdings nur die Gefühle und Gedanken dieser einen Person wiedergeben.

Die Er- oder Sie-Form:
Auch dieser Erzähler kann **aus der Sicht einer Person** schreiben und ihre Gefühle und Gedanken wiedergeben, aber er verwendet die **Pronomen „er"** oder „sie".

Die Ausgestaltung der Erzählung

Die Sprache
Beschreibe die **Sinneswahrnehmungen**, die zu der im Bild dargestellten Situation passen. Hier kannst du folgende Wahrnehmungen beschreiben:

 sehen    spüren

 riechen    hören

 schmecken

Auch ist es möglich, die **Gefühle** der Personen wiederzugeben und deren **Gestik und Mimik** zu beschreiben.

Ebenso machen **Gedanken** und **wörtliche Reden** deinen Text anschaulicher, sodass der Leser einerseits die Vorgänge im Kopf der Figuren mitbekommt und andererseits auch versteht, wie die Personen zueinander stehen. Dies kannst du nämlich verdeutlichen, indem du den Ton und die Wortwahl in den wörtlichen Reden dementsprechend formulierst.

 Gedanken

 wörtliche Reden

Versuche deine Geschichte anschaulich zu gestalten. Dabei können dir Adjektive und auch **bildhafte Sprache** dienen.

Zur bildhaften Sprache gehören:

Vergleiche	*wie im Himmel*
Metaphern	*vor Wut schäumen*
Redewendungen	*mir raucht der Kopf*

Ebenso sollten die **Verben** die Handlung genau wiedergeben. Vermeide also die Verwendung von Verben mit sehr allgemeinem Inhalt, wie z. B. *machen, werden, sein, haben* und verwende dafür Verben, die eine Handlung genauer darstellen.

Der Himmel wird dunkel.	besser: *Der Himmel verdüstert sich.*
Mir wird kalt.	besser: *Ich beginne zu frösteln.*
Ich habe Bauchschmerzen.	besser: *Mein Bauch grummelt.*

Die Einleitung verfassen

Du kannst die Einleitung deiner Erzählung auf verschiedene Weisen gestalten. Hast du dich dafür entschieden, das Bild in die **Rahmenerzählung** zu legen, hast du zwei Möglichkeiten:

- Du kannst auf die Situation des Bildes hinleiten, indem du die wichtigen **W-Fragen** beantwortest (Wer? Was? Wann? Wo?) oder
- du beginnst mitten in der auf dem Bild dargestellten Situation. Das nennt man einen **unmittelbaren Einstieg**, den es meist in Kurzgeschichten gibt.

In deiner Einleitung sollte zusätzlich etwas vorkommen, was die Erinnerung, die du im Hauptteil beschreibst, auslöst. In der Erzählung nennt man es oft einen „Köder", der hier vorkommen sollte. Die Einleitung verfasst du im **Präsens**.

Willst du aber das Bild in deinen **Hauptteil** platzieren, so hast du nur eine Möglichkeit für eine Einleitung:

- Du solltest in einer **Rückblende** beschreiben, was vor der auf dem Bild gezeigten Situation passiert ist.

Auch hier musst du darauf achten, dass die Rückblende einen **Bezug** zu deinem Hauptteil, also zu deinem **Bild** hat. Bei dieser Variante schreibst du die gesamte Erzählung im **Präteritum**.

Den Hauptteil verfassen

Die Stoffsammlung für deinen Hauptteil hast du ja schon gemacht. Nun sollst du diese Ideen auch ausformulieren. Beachte dabei ein paar Dinge:

- Beschränke dich in deinem Hauptteil auf **ein Ereignis**.
- Deine Geschichte muss einen sogenannten „**roten Faden**" aufweisen.
- Der Aufbau sollte sinnvoll sein. Die einzelnen Erzählschritte sollten logisch aufeinander folgen und auf einen **Höhepunkt** hinauslaufen.
- Verwende die oben beschriebenen **sprachlichen Möglichkeiten**, um deine Erzählung auszuschmücken.
- Verwende nur eine **Erzählperspektive**.
- Schreibe im **Präteritum**. / Erzähltempus / Vergangenheit + abgeschlossen ist

Den Schluss verfassen

Bei einer **Rahmenerzählung** gehst du wieder auf das **Bild** bzw. auf die **Einleitung** ein und wechselst ins Präsens. Hier kannst du die Erzählung dann mit einem **Ausblick auf die Zukunft**, einem **Plan** oder einem **Wunsch beenden**.

Hast du das Bild im **Hauptteil** platziert, kannst du die Erzählung ebenfalls mit einem **Ausblick**, einem **Plan** oder einem **Wunsch abrunden** oder du lässt den **Schluss offen**, was den Leser zum Nachdenken anregen soll.

Exkurs: Innerer Monolog

In einem inneren Monolog spricht **eine Figur in der Ich-Form** zu sich selbst. Dabei äußert sie Gefühle und Gedanken. Man erkennt einen inneren Monolog daran,
- dass Fragen an sich selbst gestellt werden,
- dass Ausrufe und Interjektionen (*Oje!, Ahh!, Hoppla!*) vorkommen,
- dass Umgangssprache verwendet wird,
- dass Assoziationen oder Gedankenfetzen beschrieben werden, was sich dann in einem unvollständigen Satzbau spiegeln kann. Dennoch sollte ein roter Faden vorhanden sein.

verstehen

Beispiel für einen inneren Monolog:

Das Gesicht dort kommt mir irgendwie bekannt vor. Habe ich diesen Typen schon einmal irgendwo gesehen? Warum kann ich mich denn nicht erinnern! Oh! Jetzt schaut er mich direkt an und kommt auf mich zu! Wie peinlich, denn ich kann mich nicht an seinen Namen erinnern. Wie begrüße ich ihn nur? Und wie er aussieht! Völlig unpassende Klamotten! Ich glaube, ich will gar nicht mit ihm gesehen werden. Schnell weg! Hoffentlich hat niemand von meinen Freunden diese Szene bemerkt!

Ein Bild für einen Audioguide beschreiben

In einem Audioguide einer Kunstausstellung wird nicht nur das Bild selbst beschrieben, sondern der Zuhörer kann darüber hinaus auch Informationen zur Epoche, zum Künstler und zur Wirkungsgeschichte des Bildes erhalten.

Vorarbeiten
Bei der Produktion eines Audioführertextes musst du unterschiedliche Informations-quellen in deinem Text berücksichtigen.

Du brauchst zunächst das Gemälde, den **Titel des Gemäldes, das Entstehungsjahr** und den **Namen des Künstlers**.

> Lieber Schüler, willkommen in der Ausstellung über die französischen Meisterwerke des 19. Jahrhunderts. ...

Darüber hinaus benötigst du ein paar **Angaben über den Künstler** selbst und vielleicht auch ein paar Angaben zur **Epoche** bzw. zu **Fachbegriffen**. Entweder musst du selbst recherchieren, hier helfen dir das Internet oder Kunstbücher, oder du erhältst einen kleinen Informationstext über den Künstler bzw. die Epoche, aus dem du dann die interessanten Fakten herausfiltern musst.

In einem weiteren Schritt solltest du das **Gemälde** genauer betrachten und dir in einer **Mindmap** ein paar Notizen machen. Auf folgende Punkte kannst du dabei eingehen:

a) Die Hauptperson (möglicherweise auch zwei Hauptpersonen)
   Aussehen
   Körperbau/Körperhaltung
   Kleidung
   Mimik/Gestik
   Tätigkeit

b) Weitere Personen

hier zusätzlich: das Verhältnis dieser Personen zur Hauptperson

c) Umgebung

Hintergrund

Vordergrund

Tageszeit/Wetter

d) Die Wirkung des Bildes auf den Betrachter

In deinem Audioführertext solltest du schließlich auf den jugendlichen Betrachter eingehen und dich an seine Kenntnisse anpassen. Das kann die Wortwahl betreffen, aber auch das, was du über das Bild sagst. Es muss für den Hörer interessant sein. Außerdem solltest du ihn immer wieder **ansprechen**. Du kannst dies mit folgenden Formulierungen tun:

Stell dir vor …

Wenn du genau hinschaust, entdeckst du …

Geht es dir nicht auch so, dass …

Du hast ganz richtig gehört!

Was meinst du?

Ein schönes Bild, nicht?

Du kannst dich bei dem Aufbau des Audioführertextes an folgendes Schema halten:

Einleitung	Titel des Bildes, Maler, Entstehungsjahr
Hauptteil	1. Informiere über den Maler, die Epoche, die Fachbegriffe 2. Beschreibe das Gemälde • Eyecatcher (Hauptmotiv) • Aussehen der Person, der Gebäude, der Gegenstände oder der Umgebung • Handlung bzw. Körperhaltung der Person, bei zwei Personen: Beziehung der Personen zueinander • Berücksichtigung der Farben • Geschichte zum Bild
Schluss	Wirkung des Bildes auf dich mit Begründung Wenn vorhanden: Wirkungsgeschichte des Gemäldes

Test 1: Vorarbeiten

 Sieh dir das Bild genau an und beantworte die Fragen. Schreibe in dein Heft.

Welchen Ort zeigt das Bild? Welche Jahreszeit, welches Wetter ist dort? Wer ist

das Mädchen? (Alter, Eigenschaften) In welcher Stimmung ist das Mädchen?

2 **Nun darfst du ein wenig deine Fantasie benutzen. Versetze dich in das Mädchen hinein.**

Welche Sinneswahrnehmungen hat das Mädchen?

_____

_____

_____

Was könnte das Mädchen denken und empfinden?

_____

_____

_____

Warum sitzt das Mädchen hier?

_____

_____

_____

Was könnte danach geschehen?

_____

_____

_____

Marie-Denise Villers, 1774 – 1821, „Zeichnende junge Frau", 1801
Öl auf Leinwand, 161,3 x 128,6 cm, The Metropolitan Museum of Art, New York
Das Gemälde wurde ihr erst 1996 zugeschrieben. Zuvor hielt man es für ein Gemälde des
Malers Jacques-Louis David.

Angabetexte

Text des Audio-Guides

Lieber Schüler, willkommen in der Ausstellung über die französischen Meisterwerke des 19. Jahrhunderts. Heute will ich dir eines meiner Lieblingsgemälde
zeigen. Es heißt „Zeichnende junge Frau" und wurde von Marie-Denise Villers
1801 gemalt. Du hast ganz richtig gehört, dieses Gemälde wurde von einer
5 Malerin geschaffen. Marie-Denise wurde 1774 in Paris geboren und bekam, wie
auch ihre zwei Schwestern, eine Ausbildung zur Malerin. Weißt du, das war für
die damalige Zeit ungewöhnlich, denn normalerweise wurden junge Frauen verheiratet und mussten vorher lernen, wie man einen Haushalt führt. Malunterricht
erhielten nur die Herren. Marie-Denise war mit ihrer Malerei auch erfolgreich,
10 denn sie durfte 1799 erstmalig im Salon ausstellen.

Die Künstler mussten sich für einen Ausstellungsplatz im Salon (benannt nach dem alten „Salon carré" im Louvre in Paris, in dem die ersten Kunstausstellungen stattfanden) bewerben. Das lief ungefähr so ab, wie bei einem Malwettbewerb. Die Künstler malten ihre Bilder, schickten sie ein und die Mitglieder der

15 französischen Kunstakademie wählten dann die besten aus. Stell dir vor, in der jährlichen Ausstellung wurden zwischen 2000 und 4000 Bilder gezeigt! Sie hingen alphabetisch geordnet an hohen Wänden in mehreren Reihen übereinander. Marie-Denises Gemälde hatten große Erfolge im „Salon". So auch das Bild „Zeichnende junge Frau", das eine junge, malende Frau in einem fast leeren

20 Raum zeigt. Ist die junge Frau vielleicht sogar sie selbst? Hat sie somit ein Selbstporträt geschaffen? Betrachtest du die junge Zeichnerin näher, so fällt dir vielleicht auf, dass ihr hochgestecktes Haar von hinten beschienen wird. Es wirkt fast so, als hätte sie einen Heiligenschein. Und auch die goldene Haarnadel glänzt im Sonnenlicht, das durch das hinter ihr liegende Fenster in den

25 Raum fällt. Ist sie vielleicht ein Engel? Auch ihr weißes, langes Kleid, das ein rosafarbenes Taillenband hat, hat Ähnlichkeit mit einem Engelskostüm. Aber wahrscheinlich waren diese Kleider damals in Mode.
Die junge Frau sitzt auf einem Stuhl und hat ihre Zeichenmappe auf dem Schoß. Konzentriert schaut sie auf etwas, was wir nicht sehen können. Wen oder was

30 porträtiert sie? Was meinst du? Vielleicht ihren kleinen Bruder, der gerade im Zimmer spielt und auf den sie aufpassen muss? Das ist bestimmt gar nicht so leicht, denn kleine Kinder sitzen nicht still. Sie spielen viel lieber mit einem Ball. Das könnte auch die kaputte Scheibe im Fenster erklären. Durch diese Scheibe sieht man in der Ferne ein Paar, das auf einer Terrasse nah beieinander steht.

35 Ist es ein Liebespaar? Was denkst du? Sie scheinen sich miteinander zu unterhalten und bemerken die Künstlerin hinter dem Fenster gar nicht.
Es ist ein interessantes Bild, nicht? Es wirkt auf den ersten Blick so ruhig und friedlich, aber durch das fehlende Motiv für die Zeichnung der Malerin, die zerbrochene Fensterscheibe und das Liebespaar auf der Terrasse birgt es

40 Geheimnisse, die wir gerne erkunden würden.
Lange Zeit hatte man gedacht, dass ein Mann, nämlich Jacques-Louis David es gemalt hätte. Das war damals ein sehr erfolgreicher Maler. Frauen durften nämlich nur Unterricht im Malen nehmen und nicht an der Akademie der Künste studieren. Und dieses Gemälde war so erfolgreich, das traute man damals

45 keiner Frau zu. Also konnte Marie-Denise genauso gut malen, wie ein studierter Mann. Das ist doch ein großes Lob, nicht?

Der Salon

- öffentliche Bilderausstellung in Paris
- 1725 gegründet
- zunächst alle zwei Jahre, später jedes Jahr
- ursprünglicher Ausstellungsraum war der „Salon carré" im Königsschloss, dem Louvre in Paris
- später in neuen Räumen im Louvre
- alle Künstler konnten sich bewerben
- Die Jury bestand aus Mitgliedern der berühmten französischen Kunstakademie
- 2000 bis 4000 Kunstwerke wurden gezeigt
- die Werke hingen alphabetisch nach Künstlern geordnet an hohen Wänden in Reihen übereinander

Marie-Denise Villers

- geboren 1774 in Paris
- gestorben 1821 in Paris
- zwei Schwestern, davon war eine Schwester, Victoire Lemoine, sehr erfolgreich
- Eltern waren der Kunst zugewandt
- erhielt Malunterricht bei Anne-Louis Girodet-Triosons, François Gérard und Jacques-Louis David
- 1799 erstmals im Salon vertreten
- klassizistische Prägung der Gemälde
- 1801 entstand „Zeichnende junge Frau", ihr Hauptwerk
- 1814 entstand ihr letztes Werk

1 Unterstreiche in den Angabetexten 2 und 3 (auf dieser Seite) sowie der Bildunterschrift (Seite 13), welche Informationen in den Audiotext übernommen wurden.

2 Unterstreiche im Text des Audio-Guides (Seiten 13 und 14) alle Passagen, in denen der Hörer direkt angesprochen wird.

Der Typ von der Tanzfläche

Die Wellen des Sees plätschern sacht, aber
in regelmäßigen Abständen an den Steg und
beruhigen mich. Die Morgensonne wärmt mir
den Rücken, der Straßenlärm dringt kaum
5 durch die Büsche, Mücken kreisen über
dem Wasser und die Kinder am See spielen
nur im Sommer hier, jetzt ist es angenehm
ruhig. Eigentlich könnte es ein richtig schö-
10 ner Herbsttag sein. Zigaretten sind auch
noch in meiner Jackentasche, sodass ich
jetzt genussvoll eine rauchen kann. Aber
dennoch, ich komme nicht zur Ruhe, meine
Gedanken schwirren wie die Mücken über
15 dem See durch meinen Kopf und stechen
immer wieder in meine empfindlichen Erinnerungen. Ich möchte diese Gedanken wie
lästige Mücken verscheuchen, aber als mein Blick dann auf meine rot lackierten
Fingernägel fällt, kann ich die Erinnerungen an den gestrigen Abend nicht mehr
20 verdrängen.

Gestern Abend war ich mit Katrin auf einer Party. Zuvor hatten wir uns getroffen,
um uns zu stylen. Wir hatten uns die Nägel lackiert und die Haare geglättet. Katrin hatte gemeint, dass mir glatte Haare sehr gut stehen würden. Ich war davon
nicht so überzeugt gewesen, aber dann hatte mir das Ergebnis doch gefallen.
25 Voller Vorfreude gingen wir dann zu der Feier bei unserem Mitschüler Max. Auf
die Feier bei Max hatten wir uns schon lange gefreut, denn es waren nicht nur
Schüler aus unserer Klasse da, sondern auch seine Freunde aus dem Verein.
Max' Eltern waren nicht zu Hause und so konnten wir uns im ganzen Haus
verteilen. Es gab Pizza, irgendjemand grillte draußen und es wurde natürlich
30 auch etwas zu trinken angeboten. Ich trank nur an einem Glas mit Gin, Katrin
trank da schon etwas mehr. Aus dem Wohnzimmer kam Musik und wir waren
uns sofort einig, dass wir tanzen wollten. Hinten im Raum sah ich ihn dann:
groß, dunkelhaarig und dieser süße Blick. Ich sah immer wieder zu ihm hin und
ich hatte auch das Gefühl, dass er mich ansah. Von mir aus hätte der Abend gar
35 nicht enden sollen, ich war wie berauscht. So ein Typ, der so gut aussieht und so
ein nettes Lächeln hat, sah mir beim Tanzen zu. Ich konnte es gar nicht fassen.
Katrin hatte ich schon fast vergessen, als sie mich von der Tanzfläche riss und
sich mit mir den Weg ins Badezimmer bahnte. Warum können meine Freundin-
nen nicht alleine zur Toilette gehen? Warum reißt sich mich jetzt hier weg? Im
40 Badezimmer bemerkte Katrin, dass ich ganz verträumt war und sie fragte mich,
was los sei. Ich erzählte ihr von dem Typ, wie toll er aussah, dass ich das Gefühl
hatte, er schaue mich auch an. Und sie versprach mir nun, darauf zu achten,
ob er wirklich mich meinte. Zurück auf der Tanzfläche war es nun schon voller
geworden und ich erhaschte nur noch ab und zu einen Blick auf den Typen, der

45 jetzt mit ein paar anderen, mir unbekannten Gästen im Gespräch war. Trotzdem hatte ich das Gefühl, er verfolgte mich immer wieder einmal mit seinen Blicken. Sollte ich ihn ansprechen? Nein, dazu war ich zu schüchtern. Gegen 11 Uhr musste ich zu Hause sein. Ich tanzte noch einmal in seine Richtung und konnte Gesprächsfetzen der Freunde auffangen. Dabei erfuhr ich dann auch seinen
50 Namen: Erik.
Die Nacht war wunderbar. Ich träumte von dem süßen Erik mit dem zauber-haften Lächeln und war ganz beschwingt, als ich Katrin am nächsten Morgen im Bus traf. Zuerst fiel mir gar nicht auf, dass sie so guter Laune war, denn ich selbst schwebte ja auf der Wolke sieben. Aber dann sprudelte es aus ihr heraus.
55 Sie waren nach 11 Uhr alle in den Garten gegangen und hatten dort ein Lager-feuer gemacht. Es wurde weiter getrunken und sie kam mit einer Clique von Jungen ins Gespräch, die Max aus dem Verein eingeladen hatte. Sie hatten viel Spaß und es war schon ziemlich spät, als sie auf die Uhr geschaut hatte. Einer der Jungen hatte sie dann nach Hause begleitet, ein supersüßer Typ namens
60 Erik.
Die Haltestelle am See wurde ausgerufen und taumelnd von diesen Neuigkeiten entschloss ich mich spontan auszusteigen. Katrin rief noch hinter mir her, aber ich musste nur fort von ihr.

Und nun sitze ich hier am Steg. Wie konnte ich Katrin nur von meinem Miniflirt
65 erzählen und sie ist so dreist, sich gleich an den Typen heranzumachen, der mir gefiel? Oder hatten seine Blicke gar nicht mir gegolten, sondern meiner Freundin? Ich fühle mich so hintergangen. Wie konnte sie nur! Meine Zigaretten sind aufgeraucht und ich schwänze auch noch die Schule! Das wird Ärger geben! Besser, ich raffe mich auf und gehe zur dritten Stunde in die Schule. Und wenn
70 ich Katrin begegne, mache ich erst einmal einen großen Bogen um sie.

1 **Lies dir die Rohfassung der Erzählung durch und fülle dann den Schreib-
✳ plan aus.**
✳

Wo ist das Bild platziert? ☐ Rahmenerzählung ☐ Hauptteil

Welche Erzählperspektive wurde gewählt? ☐ Ich-Form ☐ Er-/Sie-Form

Einleitung:

Was ist Inhalt der Einleitung? ☐ W-Fragen ☐ unmittelbarer Einstieg

Formuliere einen Kernsatz für die Einleitung.

Gehe dabei auf die Fragen Wer?, Wo?, Was? und Wie? ein.

_____

_____

können

Hauptteil:

Formuliere für die fünf Erzählschritte jeweils einen Kernsatz.

1. _____

2. _____

3. _____

4. _____

5. _____

Was ist der Höhepunkt der Geschichte?

_____

Schluss:

Was ist der Inhalt des Schlusses? ☐ Abrundung des Geschehens

☐ offenes Ende

Gib in einem Satz wieder, wie die Geschichte endet.

_____

/15

2 **Lies dir die Einleitung noch einmal durch und kreuze die Substantive an, die sich im Bild befinden.**

☐ Wellen ☐ See ☐ Steg ☐ Morgensonne ☐ Rücken

☐ Straßenlärm ☐ Büsche ☐ Mücken ☐ Kinder ☐ Sommer

☐ Herbsttag ☐ Zigarette ☐ Ruhe ☐ Gedanken ☐ Fingernägel

/4

3 **Welche Sinneswahrnehmungen werden in der Einleitung beschrieben? Schreibe in dein Heft.**

/3

4 **In der Einleitung wird mit bildhafter Sprache beschrieben, dass sich das Mädchen erinnert. Schreibe in dein Heft.**

a) Schreibe die Zeilen heraus und unterstreiche die drei Verben.

b) Womit werden die Erinnerungen verglichen?

/5

✓

könnan

5 **Was ist der Auslöser für diese Erinnerung?**

✳
✳ _____

/1

6 **Einige Formulierungen im Hauptteil sind noch nicht so gut gelungen.**
✳ **Ersetze die Wörter in Klammern durch eine bessere Formulierung. Es**
✳ **können auch mehrere Wörter sein**

Voller Vorfreude (1) _____ (gingen wir dann) zu

der Feier bei unserem Mitschüler Max. Auf die Feier bei Max hatten wir uns

schon lange gefreut, denn es waren nicht nur Schüler aus unserer Klasse

(2)_____ (da), sondern auch seine Freunde aus dem

Verein. Max' Eltern waren nicht zu Hause und so konnten wir uns im ganzen

Haus verteilen. Es gab Pizza, irgendjemand grillte draußen und es wurde

natürlich auch etwas zu trinken angeboten. Ich (3) _____

(trank) nur an einem Glas mit Gin, Katrin trank da schon etwas mehr.

Aus dem Wohnzimmer (4) _____ (kam) Musik und

wir waren uns sofort einig, dass wir tanzen wollten. Hinten im Raum

(5)_____ (sah) ich ihn dann: Groß, dunkelhaarig und

dieser süße Blick. Ich (6) _____ (sah) immer wieder zu ihm

hin und ich hatte auch das Gefühl, dass er mich ansah. Von mir aus hätte der

Abend gar nicht enden sollen, ich war wie berauscht. So ein Typ, der so gut

aussieht und so ein nettes Lächeln hat, (7)_____

_____ (sah mir beim Tanzen zu). Ich konnte es nicht

(8)_____ (fassen).

/8

7 **Katrin steht allein im Bus, weil ihre Freundin plötzlich den Bus verlassen**
✳ **hat. Welche Gedanken schwirren ihr durch den Kopf? Verfasse einen inne-**
✳ **ren Monolog. Es sollte mindestens eine Frage, ein Ausruf sowie ein Gefühl**
✳ **vorkommen und du solltest dich dreimal auf den Text beziehen.**

/6

Gesamt:
/ **42**

2 Inhaltszusammenfassung

In diesem Kapitel wiederholst du, wie du **Inhaltszusammenfassungen** schreibst. Du erfährst,

- wie du dein Vorwissen aktivieren kannst,
- wie Sinnabschnitte eingeteilt und Schlüsselwörter markiert werden,
- wie du eine Einleitung verfasst,
- wie du den Hauptteil – die eigentliche Zusammenfassung – formulierst,
- wie du die Zusammenfassung sprachlich ausgestalten musst,
- wie du wörtliche Rede in indirekte Rede umwandelst,
- wie du einen Schluss verfasst.

Was sind Inhaltszusammenfassungen?

Zusammenfassungen begegnen uns überall und sie sind sehr sinnvoll. Sie helfen uns bei Entscheidungen und sie sind zeitsparend, denn wir haben nicht immer Zeit genug, einen ganzen Text zu lesen.

Planen wir beispielsweise einen Fernsehabend und möchten uns schon vorher informieren, was am Abend auf welchem Sender läuft, können wir in der **Fernsehzeitschrift** die kurzen Zusammenfassungen lesen, die unter den Filmtiteln stehen, und wir wissen dann, ob wir uns für die Sendung oder den Film interessieren. Gehen wir in ein Buchgeschäft oder in eine Bücherei, um ein Buch zu kaufen oder auszuleihen, dann können wir hier die **Klappentexte** lesen. So finden wir leichter heraus, ob uns das Thema des Buches gefällt.

Indirekt verfassen Schüler ebenfalls immer wieder eine Art Inhaltszusammenfassung, wenn sie sich entweder einen **Spickzettel** über ein Stundenthema schreiben oder auch, wenn sie ein **Handout** zu ihrem Referat verfassen müssen.

Die Inhaltszusammenfassung informiert also **in knapper Form** über den Inhalt eines Textes. Bei **literarischen Texten** werden die Hauptfiguren und – sofern angegeben – Ort und Zeit der Handlung genannt. Der Ablauf der Handlung wird durch die Zusammenfassung der **wichtigsten Erzählschritte** dargestellt. Bei **Sachtexten** werden dagegen die wichtigsten **Fakten** knapp zusammengefasst.

Wie verfasst du nun selbst eine Inhaltszusammenfassung?

Die Vorarbeiten

Das Vorwissen aktivieren

Oft haben Texte **Illustrationen**, die auf das Thema des Textes einstimmen sollen. Schaust du dir diese an, so kannst du schon dein **Vorwissen** zu einem bestimmten Thema **aktivieren** und somit leichter in das Geschehen einsteigen.

Aber auch der **Titel** kann dich dazu anregen, dir schon vor dem Lesen ein paar Gedanken darüber zu machen, worum es in dem Text gehen kann.

Das erste Lesen: zügig

In einem zweiten Schritt solltest du den **Text** einmal **zügig durchlesen** und herausfinden, worum es ganz **allgemein** geht. Dabei kannst du bereits die Wörter unterstreichen, die du nicht verstehst. Versuche aber, dir die unbekannten Wörter eher aus dem Textzusammenhang zu erklären, als jedes unbekannte Wort nachher im Wörterbuch nachzuschlagen. Auch kannst du dir am Textrand ein Fragezeichen machen, wenn du den Inhalt nicht ganz verstehst.

Nach diesem ersten Lesen kann es sinnvoll sein, den Text kurz **mit eigenen Worten** im Kopf oder mündlich **wiederzugeben**. Stelle dir dazu die Fragen:

1. Wovon handelt der Text?
2. Worum geht es?

Damit bekommst du schon eine Vorstellung, worauf du beim zweiten Lesen besonders achten musst.

Das zweite Lesen: gründlich

Beim zweiten Lesen solltest du dir überlegen, wo sich die **Sinnabschnitte** in dem vorliegenden Text befinden. Um die Sinnabschnitte zu erkennen, kannst du dir folgende Fragen stellen:

1. Wo setzt eine neue Handlung ein?
2. Wo ändert sich der Ort/die Zeit der Handlung?
3. Wo tritt eine neue Person auf?

Sinnabschnitte sind oft an den Absätzen im Text erkennbar. Aber es kann durchaus sein, dass ein Sinnabschnitt über zwei Absätze geht oder dass der Sinnabschnitt auch innerhalb eines Absatzes endet.

Markiere dir die verschiedenen Sinnabschnitte! Das hilft dir bei der Zusammenfassung des Textes!

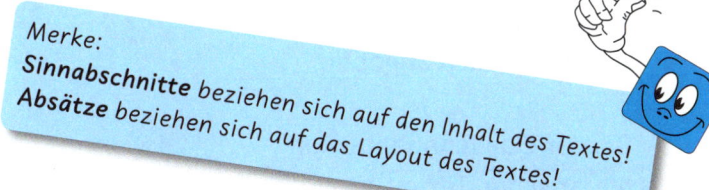

Merke:
Sinnabschnitte beziehen sich auf den Inhalt des Textes!
Absätze beziehen sich auf das Layout des Textes!

Das dritte Lesen: Abschnitt für Abschnitt

Beim dritten Lesen gehst du Abschnitt für Abschnitt vor und überlegst dir, welche Wörter ganz besonders wichtig für den Textabschnitt sind. Diese Wörter nennt man **„Schlüsselwörter"** und diese markierst du. Gehe aber sparsam bei den Markierungen vor. Insgesamt sind nämlich in einem Abschnitt nur wenige Wörter „Schlüsselwörter". Welche Wörter Schlüsselwörter sind, kann man nicht allgemein sagen. Aber es sind oft Substantive und/oder Verben.

Das erste Zusammenfassen

Versuche nun mit deinen Schlüsselwörtern für jeden Abschnitt einen vollständigen Satz zu verfassen, der den wichtigen Inhalt wiedergibt. Auch hier ist es sinnvoll, die vier W-Fragen (Wer?, Wann?, Wo? und Was?) zu beachten. Beispiele und Erklärungen kannst du hier weglassen.

Das Verfassen

Die Inhaltszusammenfassung besteht aus einer **Einleitung**, einem **Hauptteil** und einem **Schluss**.

Die Einleitung

In der Einleitung sollst du die Fakten zu dem Text nennen und in einem Satz – den Satz nennt man **Kernsatz** - kurz beschreiben, worum es in dem Text geht.

Die Fakten, die du hier nennen musst, sind:

- die Textsorte (literarischer Text oder Sachtext),
- der Titel des Textes,
- der Autor,
- die Quelle,
- das Erscheinungsdatum.

> Als Eselsbrücke kannst du dir für die Informationen in der Einleitung auch die Buchstabenfolge TATTE merken. Titel, Autor, Textart, Thema und Erscheinungsjahr.

Fasst du einen **literarischen Text** zusammen, so kannst du bei der Angabe der Textsorte „literarischer Text" schreiben, oder du weißt genau, um welche Textsorte es sich handelt und kannst diese in der Einleitung auch angeben.

> Merke:
> Verfassen - veröffentlichen
> Ein **Autor verfasst** einen Text.
> Ein **Verlag** oder eine **Zeitschrift** bzw. Zeitung **veröffentlicht** einen Text. Der Zeitpunkt des Verfassens und des Veröffentlichens ist immer unterschiedlich!

Bei der Quellenangabe von literarischen Texten brauchst du neben dem Autor und dem Titel auch:

> Merke:
> Literarische Textsorten können u. a. sein:
> Erzählungen, Kurzgeschichten, Balladen, Gedichte, Romane

- den **Buchtitel** (Eine Erzählung oder ein Gedicht wird selten allein veröffentlicht.),
- den **Verlag, den Verlagsort,**
- das **Veröffentlichungsdatum**,
- ggf. auch die **Seitenangabe.**

Manchmal erhältst du auch ein paar **Angaben zum Leben des Autors** oder der Autorin des literarischen Textes. Diese Informationen solltest du dann ebenfalls knapp in der Einleitung erwähnen.

Fasst du einen **Sachtext** zusammen, so kannst du bei der Angabe der Textsorte „Sachtext" schreiben oder die jeweilige Textsorte angeben.

Bei der Quellenangabe musst du dann angeben:

- den **Namen der Zeitung oder Zeitschrift,**
- das **Veröffentlichungsdatum,**
- ggf. auch die Seite.

> Merke:
> Sachtexte können u. a. sein:
> Meldung, Bericht, Reportage, Kommentar, Interview

Der **Kernsatz** sollte den Inhalt des gesamten Textes oder Textausschnitts wiedergeben! Du kannst ihn mit folgenden Formulierungen einleiten:

In dem Text geht es um (+ Substantiv), (+ Relativsatz)
In dem Text geht es darum, dass (+ [Neben]Satz)

Der Text handelt von (+ Substantiv), (+ Relativsatz)
Der Text handelt davon, dass (+ [Neben]Satz)

Der Hauptteil

Im Hauptteil sollst du nun das Wichtigste der Handlung zusammenfassen. Achte darauf, dass dein Text trotz der Kürzungen noch verständlich bleibt bzw. dass Details aus dem Text nicht in deiner Zusammenfassung auftauchen. Die folgenden Fragen sollten in deiner Zusammenfassung beantwortet sein:

- **WER** spielt eine Rolle?
- **WAS** passiert?
- **WO** geschieht das Erzählte?
- **WANN** spielt die Handlung?
- **WIE** läuft das Geschehen ab?
- **WARUM** handeln die Personen so?

Du kannst deine Inhaltszusammenfassung mit einem Einleitungssatz beginnen:
Im Folgenden soll der Inhalt des Textes zusammengefasst werden.

Die Arbeitsaufträge

Der Arbeitsauftrag für eine Inhaltszusammenfassung kann lauten:
Fasse den Inhalt des Textes zusammen!

Hier wird von dir erwartet, dass du den Inhalt des Textes in einem **fortlaufenden Text** zusammenfasst. Du verwendest also nur sogenannte Inhaltssätze.

Diese Art der Inhaltszusammenfassung wird meist bei den **literarischen Texten** verlangt.

Bei **Sachtexten** findest du häufig den Auftrag:
Fasse den Inhalt so zusammen, dass die Struktur des Textes erkennbar wird.

Hiermit erhältst du den Auftrag, den Inhalt eines Textes **nach Sinnabschnitten** zusammenzufassen. Dazu brauchst du zusätzlich zu den Inhaltssätzen **Struktursätze**.

Bei dieser Aufgabenstellung musst du nun ein paar Punkte beachten:

1. Vor der eigentlichen Zusammenfassung solltest du die Anzahl der Sinnabschnitte angeben.
Der Text lässt sich in vier Sinnabschnitte einteilen.
2. Dann sollte zu Beginn eines jeden Sinnabschnitts ein Struktursatz mit einer Zeilenangabe stehen.
Im ersten Sinnabschnitt (Z. 1 – x) erklärt uns der Autor…
3. Nach dem Struktursatz folgt der Inhaltssatz.
das Aussehen und das Schwimmverhalten von Meeresschildkröten.

Die Sprache

Auch auf die **Sprache** der Inhaltszusammenfassung musst du achten.

Zunächst einmal ist es wichtig, dass du den Text **sachlich** und **mit eigenen Worten** zusammenfasst und keine Formulierungen aus dem Originaltext übernimmst.

Dann sollten die **wörtlichen Reden** nur sparsam wiedergegeben werden. Wenn du eine wörtliche Rede in deiner Zusammenfassung aufnehmen willst, dann musst du diese in **indirekter Rede**, also im Konjunktiv wiedergeben.

Und schließlich darfst du in der Inhaltszusammenfassung nur das **Präsens**, bei **Vorzeitigkeit** das **Perfekt**, verwenden.

Formuliere die Sätze, die Stichpunkte oder die Schlüsselwörter zu einem **zusammenhängenden Text** aus und verwende dabei geeignete Satzverknüpfungen mit **Konjunktionen**. Auch können **Pronomen** den Textzusammenhang steigern.

Mögliche Struktursätze:

Im ersten Sinnabschnitt (Z. x – y) geht es um …,/geht es darum, dass…
Der zweite Sinnabschnitt (Z. x – y) handelt von …,/handelt davon, dass …
Im dritten Sinnabschnitt (Z. x – y) wird darüber berichtet, dass …
Der Leser erfährt im vierten Sinnabschnitt (Z. x – y), dass …
Die Autorin berichtet/informiert uns/erläutert weiterhin (Z. x – y), dass

Du kannst den Struktursatz aber auch nachstellen und zuerst den Inhaltssatz formulieren. Der nachgestellte Struktursatz könnte dann lauten:
Dies erfahren wir im letzten Sinnabschnitt (Z. x – y)

Exkurs: indirekte Rede

Wir verwenden den **Indikativ** (Wirklichkeitsform) des Verbs in der **wörtlichen Rede**:
Er ruft: „Morgen ist Sonntag. Ich will eine Ballonfahrt machen."

Berichten wir nun darüber, was ein anderer gesagt hat, so benutzen wir die **indirekte Rede**.
Wir verwenden den **Konjunktiv I** (Möglichkeitsform) des Verbs in der indirekten Rede:
Er sagt, dass morgen Sonntag __sei__. Er __wolle__ eine Ballonfahrt machen.

In der indirekten Rede **ändern** sich neben den Verben auch die **Pronomen**!
Ich → Er

Der Schluss

Formuliere deinen Schluss mit einer **kurzen Wertung des Textes**. Du kannst hier schreiben, wie dir das **Thema** und wie dir der **Text** gefallen haben. Begründe deine Meinung!

Der Inhalt des Textes hat mir (nicht) gefallen, weil …
Der Text selbst hat mir (nicht) gefallen, weil …

Test 1: Vorarbeiten

1 **Fragen zur Arbeitstechnik: Fülle die Lücken sinnvoll aus. Nutze die Wörter aus dem Wortspeicher.**

> Schlüsselwörter – Titel – Kontext – Illustration – zügig – Handlung –
> Person – Satz – Sinnabschnitte (2 x) – Ort

Vor dem Lesen solltest du die _____ und den

_____ betrachten, um dein Vorwissen zu aktivieren. Beim

ersten Lesen kommt es dann darauf an, den Text _____ zu lesen,

damit du einen Überblick über den Inhalt erhältst. Danach solltest du in

der Lage sein, den Inhalt in einem _____ zusammenzufassen.

Fremde Wörter oder Wortgruppen solltest du überwiegend aus dem

_____ heraus erschließen. Das zweite Lesen

dient dazu, die _____ des Textes herauszufinden.

Dafür solltest du dir die Frage stellen, ob eine neue _____

eintritt, ob eine andere _____ erscheint oder ob sich der

_____ ändert. Absätze müssen nicht unbedingt auch die Grenzen der

_____ sein, denn diese beziehen sich auf den Inhalt des

Textes. Die _____ solltest du beim dritten Lesen des

Textes markieren. Mit ihnen kannst du später die Inhaltssätze in der Zusam-

menfassung formulieren.

2 **Welche Fakten brauchst du für die Einleitung einer Inhaltszusammenfassung? Nenne vier.**

1. _____   2. _____

3. _____   4. _____

3 **Was versteht man unter einem Kernsatz?**

_____

4 **Welche drei bis vier Quellenangaben eines Sachtextes aus der Zeitung
musst du in der Einleitung erwähnen? Schreibe in dein Heft.**

5 **Ordne die Textsorten aus dem Wortspeicher in die Tabelle ein.**

Kurzgeschichte – Reportage – Meldung – Erzählung – Roman – Kommentar – Märchen – Fabel – Gedicht – Ballade – Bedienungsanleitung – Interview

Sachtext	literarischer Text

6 **Was musst du bei der sprachlichen Ausgestaltung des Textes beachten?**
Kreuze die richtigen Antworten an.

1.		Der Inhalt des Textes sollte mit eigenen Worten wiedergegeben werden.
2.		Details solltest du weglassen und dein Text sollte sachlich formuliert sein.
3.		Wichtige Stellen des Textes sollten zitiert werden.
4.		Du solltest das Präteritum und das Plusquamperfekt für Vorzeitigkeit verwenden.
5.		Du solltest das Präsens und das Perfekt für Vorzeitigkeit verwenden.
6.		Wörtliche Reden darfst du nur unverändert übernehmen.
7.		Wörtliche Reden solltest du sparsam wiedergeben.
8.		Wörtliche Reden solltest du mit Hilfe des Konjunktivs in die indirekte Rede umwandeln
9.		Für die Zusammenfassung aller Texte benötigst du Struktur- und Inhaltssätze.
10.		Verwendest du Struktursätze, so darfst du die Zeilenangaben nicht vergessen.

Inhaltszusammenfassung: Sachtext

Vom Baum in die lila Packung
Süßigkeiten: Wie Bohnen aus Afrika zu leckerer Schokolade werden

Von Bianca Belouanas

Was ist das? Es ist braun, schmeckt süß, und wenn man es zu lange in der Hand hält, sind die Finger ganz klebrig und verschmiert. Na? Schoko-
5 lade natürlich! Aber, was viele nicht wissen: Die ist gar nicht immer süß. Und ihre wichtigste Zutat wächst auf Bäumen. Bevor ihr
10 euch ein Stück Schoko- lade in den Mund
15 stecken könnt, ist es ein **langer** Weg. Denn

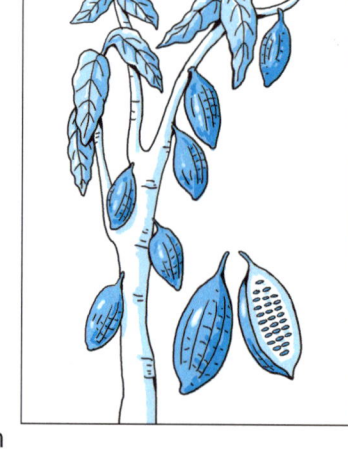

20 ohne **Kakaofrüchte** gibt es keine Schokolade. Und die wachsen an Kakaobäumen in Ländern, in denen die Luft meist sehr warm und feucht ist. Tropisches Klima nennt man
25 das, und das gibt es in der Nähe des Äquators. Der größte Teil des Kakaos, der auf der Welt geerntet wird, stammt deswegen aus **Afrika**.

Die gelblichen und rötlichen
30 **Kakaofrüchte** wachsen nicht wie beispielsweise unsere Kirschen an langen Zweigen, sondern direkt am **Stamm**. Während wir auch unsere Kirschen nur einmal im Jahr ernten
35 können, wachsen Kakaofrüchte **das ganze Jahr** immer wieder neu nach.

Das liegt vor allem am warmen Wetter.

Haben Arbeiter die Früchte erst mal
40 mit einem scharfen Messer vom Baum geschnitten, **öffnen** sie sie vorsichtig und nehmen die Schale ab. Das Innere sieht ein bisschen so aus wie ein zu dicker **Maiskolben**. Nur,
45 dass der aus **weißem Fruchtfleisch** besteht. Das kann man zwar essen, es schmeckt aber noch überhaupt nicht nach Schokolade, sondern eher ein bisschen **sauer**. Mehr so in Rich-
50 tung Zitrone.

Weil Schokolade aber meist nicht nach Zitrone schmecken soll, muss das **Fruchtfleisch** weg. Dazu decken die Arbeiter die Masse mehrere Tage
55 lang mit Bananenblättern ab und warten. Danach hat sich das Frucht- fleisch aufgelöst und übrig bleiben die **braunen Kakaobohnen**. Die sind ein bisschen größer als gebrannte
60 Mandeln – aber nicht wirklich lecker. Deshalb werden sie zur Weiterver- arbeitung in Säcke gefüllt und mit Schiffen zum Beispiel nach **Europa** gebracht.

65 Dort werden sie in **Fabriken** geröstet, gebrochen und fein zermahlen. Dabei entsteht Kakaomasse. Wird diese gepresst, entstehen **Kakaobutter** und **Kakaopulver**.

70 Mit dem Pulver kann man dann Kuchen backen. Die weiße **Kakao-**

können

butter dagegen braucht man für **Schokolade**. Sie ist ganz weich, schmilzt auf der Zunge, aber
75 schmeckt kaum nach etwas. Deshalb **rühren** die Schokoladenfabriken zur weißen Kakaobutter meist auch noch braune Kakaomasse, Milch und Zucker. Damit das Ganze richtig gut
80 schmeckt, wird es noch tagelang gerührt, zerrieben, gedreht, gewendet, erwärmt und in die richtige Form **gegossen**. Dann wird die Masse kurz abgekühlt – und die Schokolade ist
85 endlich fertig. Lasst sie euch schmecken!

Vom Baum in die Schokolade – die Kakaobohne. Von Bianca Belouanas, dpa

1 **Beantworte die Fragen:**

✳ „Vom Baum in die lila Packung" – Worauf spielt der Titel an?

_____

Womit beginnt der Text?

_____

Womit endet der Text?

_____

 /3

2 **Finde die nötigen Angaben für die Einleitung und trage sie in die Tabelle**
✳
✳ **ein.**

Was brauchst du für die Einleitung?	Welche Informationen hast du zu diesem Text?
Titel	Vom Baum in die lila Packung

 /10

3 **Formuliere die Einleitung aus. Schreibe in dein Heft.**
✳
✳

 /6

4 **Fülle die Lücken.**

✳ Im Folgenden soll der Text _____ werden.

Der Text _____ sich in sechs _____ einteilen.

 /3

Klassenarbeit Nr. 2

5 Verbinde den Struktursatz mit einem von dir selbst formulierten Inhaltssatz! Verwende dabei die im Text fett gedruckten Schlüsselwörter! Setze die richtigen Zeilenangaben ein.

Im ersten Sinnabschnitt (Z. _1_ – _28_) erfährt der Leser, dass
Beispiel:
... es *lange* dauert, bis aus den *Kakaofrüchten*, die aus *Afrika* kommen, Schokolade entsteht.

Der zweite Sinnabschnitt (Z. _____) informiert darüber; dass

_____

_____(4)

Die Autorin berichtet im dritten Abschnitt (Z. _____) darüber, dass

_____

_____(4)

_____

_____

Das erfahren wir im vierten Sinnabschnitt (Z. _____). (4)

Im fünften Sinnabschnitt (Z. _____) geht es darum, dass

_____

_____(4)

Der letzte Sinnabschnitt (Z. _____) handelt davon, dass

_____

_____(5)

/21

6 Formuliere deine Meinung und streiche gegebenenfalls das „nicht"!

Mir hat der Text nicht gefallen, weil _____

_____

Mich hat das Thema nicht interessiert, weil _____

_____

/2

Gesamt:

/ **45**

Inhaltszusammenfassung: Sachtext

Tauchen wie ein Delfin

Sport Anna von Boetticher kann sehr lange die Luft anhalten

VON MARIA ROSSBAUER
Ins Meer abtauchen, unter Wasser minutenlang herumschwimmen wie ein Fisch – und das alles ohne Hilfsmittel! Das ist das Hobby von Anna
5 von Boetticher. Als Apnoe-Taucherin kann sie ziemlich lange die Luft anhalten.

„Beim Apnoe-Tauchen ist es ganz wichtig, dass man ruhig bleibt",
10 sagt Anna von Boetticher. Denn wer aufgeregt ist, verbraucht mehr Luft und muss früher wieder auftauchen. Apnoe bedeutet so etwas wie Atemstillstand. Das hört sich unheimlich
15 an. Deshalb muss man fürs Apnoe-Tauchen lange üben, sonst ist es sehr gefährlich. Denn bei diesem extremen Sport geht es darum, so lange wie möglich unter Wasser herumzu-
20 schwimmen – ohne Sauerstoffgerät.

Im Wasser habe sie sich schon immer wohl gefühlt, erzählt die Frau aus Berlin: „Ich habe schon als Kind immer mit meinem Bruder im Pool
25 das Tauchen geübt." Mit Apnoe-Tauchen hat sie vor fünf Jahren angefangen. Auf die Idee kam sie, weil sie als Tauchlehrerin arbeitet. Nachdem sie nur drei Monate geübt hatte, brach
30 Anna von Boetticher viele deutsche Rekorde: Sie taucht zum Beispiel mit Flossen tiefer ins Wasser hinunter als jede andere. Ganze 76 Meter!

„Natürlich kann Apnoe-Tauchen auch
35 gefährlich sein", sagt die 41-Jährige. Einmal hat sie unter Wasser plötzlich einen Krampf in den Beinen bekommen und konnte nicht mehr schwimmen. Doch sie war – wie immer – zur
40 Sicherheit an einem Seil befestigt, das hoch zu einem Boot führte. Daran hat sich die Profi-Taucherin dann nach oben gezogen. Im Notfall würden sie auch ihre Helfer auf dem Boot
45 an die Oberfläche ziehen. „Man darf Apnoe-Tauchen einfach nie alleine machen." [...]

Einmal entdeckte sie unter Wasser eine riesige Wasserschildkröte.
50 „Die hat gerade Korallen zermalmt", erzählt sie. Die Apnoe-Taucherin hat sie ein wenig beobachtet, dann sind die beiden gleichzeitig nach oben geschwommen, haben Luft geholt
55 und sind wieder ins Wasser getaucht. „Solche Sachen erlebt man nur beim Apnoe-Tauchen", schwärmt Anna von Boetticher. „Deshalb ist es so toll." Taucher mit Flaschen auf dem Rücken
60 würden die Tiere mit ihren Luftbläschen wahrscheinlich stören.

Extrem tief tauchen – „Fühle mich wie ein Delfin". Von Maria Rossbauer, wgr/dpa (leicht verändert)

können

1 Aktiviere dein Vorwissen: Warum taucht ein Delfin anders als ein Fisch?

_____

_____

2 Lies dir den Text gut durch und teile den Text in fünf Sinnabschnitte ein. Schreibe die Zeilenangaben in die Tabelle.

Abschnitt 1	Z 1 –
Abschnitt 2	
Abschnitt 3	
Abschnitt 4	
Abschnitt 5	

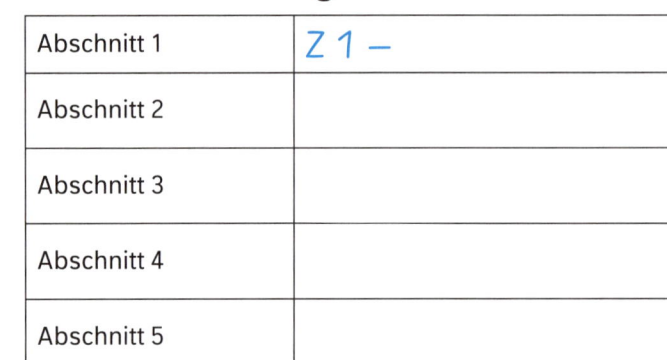

/5

/8

3 Markiere 16 mögliche Schlüsselwörter in den fünf Abschnitten.

4 Welche sechs Angaben brauchst du für die Einleitung?

1.	2.
3.	4.
5.	6.

/6

/8

5 Verfasse eine Einleitung für die Inhaltszusammenfassung. Verwende die Verben „veröffentlichen" und „verfassen". Schreibe in dein Heft.

6 Verfasse die Inhaltssätze für die ersten zwei Abschnitte und trage die Zeilenangaben ein.

Der Text lässt sich in fünf Sinnabschnitte einteilen. Im ersten Sinnabschnitt

(Z. _____) erfahren wir, dass _____

_____

können

_____

Daraufhin (Z. _____) wird dem Leser erklärt, dass ___

_____

_____

_____

7 **Setze passende Struktursätze für die letzten drei Abschnitte ein und trage die Zeilenangaben ein.**

_____

_____, dass Anna
von Boetticher als Tauchlehrerin arbeitet und dass sie nach nur drei Monaten
Training viele deutsche Rekorde gebrochen hat.

Apnoe-Tauchen ist gefährlich. Die Taucher werden mit einem Seil gesichert, das

zu einem bemannten Boot führt. _____

_____

_____

_____ von einem

Erlebnis der Taucherin mit einer Wasserschildkröte.

8 **Verfasse einen Schluss. Schreibe in dein Heft.**

9 **Folgende Inhaltssätze der Inhaltszusammenfassung sind nicht ganz gelungen. Erkläre, warum es sich bei den unterstrichenen Formulierungen um Fehler handelt. Schreibe jeweils in dein Heft.**
..., was das Hobby von Anna Boetticher ist und wie sie das macht.

..., dass Anna Boetticher minutenlang herumschwimmen kann wie ein Fisch –
und das alles ohne Hilfsmittel.

..., dass Anna von Boetticher als Tauchlehrerin arbeitet und dass sie nach nur
drei Monaten Training viele deutsche Rekorde brach.

können

10 **Setze die wörtlichen Reden von Anna von Boetticher in die indirekte Rede.**

✳ „Beim Apnoe-Tauchen ist es ganz wichtig, dass man ruhig bleibt."

✳ Anna von Boetticher sagt, dass es beim Apnoe-Tauchen ganz wichtig sei, dass man ruhig bleibe.

„Ich habe schon als Kind immer mit meinem Bruder im Pool das Tauchen geübt."

_____

_____

„Natürlich kann Apnoe-Tauchen auch gefährlich sein."

_____

_____

„Man darf Apnoe-Tauchen einfach nie alleine machen."

_____

_____

„Die Schildkröte hat gerade Korallen zermalmt."

_____

_____

„Solche Sachen erlebt man nur beim Apnoe-Tauchen."

_____

_____

/5

Gesamt:

/ 50

34

3 Literarische Texte untersuchen

In diesem Kapitel wiederholst du, wie du **literarische Texte** untersuchst. Du erfährst, wie du in einem **textgebundenen Aufsatz**
- die Einleitung verfasst,
- eine Inhaltszusammenfassung gemäß des Aufbaus schreibst,
- die Textsorte „Kurzgeschichte" nachweist,
- die Auffälligkeiten der Sprache beschreibst,
- die Absicht des Autors/der Autorin formulierst,
- den Schluss verfasst.

Du erfährst weiter, wie du in einer **Textuntersuchung**
- Aufgaben zur Erzählweise bearbeitest,
- eine Stellungnahme verfasst.

Literarische Text können mit Leitfragen oder in einem textgebundenen Aufsatz untersucht werden.

Der textgebundene Aufsatz (TGA)

Die Aufgabenstellung

Diese Aufsatzart kann mehrere Aufgabenstellungen zu einem literarischen Text beinhalten. Die Aufgaben für die Texterschließung können sein:
- die Inhaltszusammenfassung (siehe Kapitel 2),
- der Textsortennachweis eines literarischen Textes,
- die Beschreibung sprachlicher Besonderheiten und ihrer Wirkung (siehe auch Kapitel 4),
- die Beschreibung der Absicht des Autors und die Bestimmung der Zielgruppe (siehe auch Kapitel 4).

Diese **Aufgabenstellung** könnte dann so **formuliert** sein:
- Fasse den Text zusammen. – ODER – Fasse den Textinhalt so zusammen, dass der Textaufbau erkennbar ist.
- Bestimme die Textsorte, indem du deren Merkmale nachweist.
- Beschreibe die sprachlichen Auffälligkeiten und gehe dabei auf die beabsichtigte Wirkung ein.
- Welche Absicht verfolgt der Autor deiner Meinung nach mit dem Text?

Diese Aufgabenstellung würde dann in einer **Gliederung** so aussehen:

> A Einleitung
> B Texterschließung und weiterführende Aufgabe
> I. Texterschließung
> 1. Inhaltszusammenfassung
> 2. Textsortenbestimmung
> 3. Sprachanalyse
> 4. Absicht des Autors (und Zielgruppe)
> II. Weiterführende Aufgabe: z. B. Erörterung, Brief, Tagebucheintrag, ...
> C Schluss

verstehen

Die Einleitung

Auch hier sollst du die Textsorte, den Titel, den Autor, die Quelle, das Erscheinungsdatum und den Kernsatz angeben.

Eine Besonderheit besteht hier bei der Angabe der Quelle, denn ein kurzer Text erscheint normalerweise nicht allein als Buch, sondern meist als Teil einer Sammlung von kurzen Texten.
So kann die Quellenangabe unter dem Text lauten:

> Max Bollinger: „Sonntag"
> (Aus: Max Bollinger: Wir leben von der Hoffnung. Signal Verlag, Baden-Baden 1985, S. 54 – 56)

In diesem Fall hat Max Bollinger selbst ein ganzes Buch mit Kurzgeschichten geschrieben und du müsstest die Einleitung folgendermaßen ausformulieren:
Die Kurzgeschichte „Sonntag" wurde von Max Bollinger verfasst. Sie erschien 1985 in dem Buch „Wir leben von der Hoffnung" im Signal Verlag in Baden-Baden auf den Seiten 54 bis 56. In dem Text geht es darum, dass …

Die Quellenangabe kann aber anders aussehen:

> Dieter Mucke: Ein beinah lustiges Geschichtchen
> (Aus: Joachim Walter [Hg.]: Vom Geschmack der Wörter. Miniaturen. Buchverlag Der Morgen, Berlin 1980, S. 103 – 105)

In diesem Fall hat Dieter Mucke eine Geschichte geschrieben, die mit anderen Geschichten weiterer Autoren in einer Geschichtensammlung herausgegeben wurden. In der Einleitung müsstest du das dann so ausformulieren:
Der literarische Text „Ein beinah lustiges Geschichtchen" wurde von Dieter Mucke verfasst und in der Geschichtensammlung „Vom Geschmack der Wörter. Miniaturen" von Joachim Walter herausgebracht. Die Sammlung erschien 1980 in Berlin im Verlag Der Morgenin auf den Seiten 103 – 105. In dem Text geht es darum, dass …

Jetzt muss der Kernsatz bzw. die Kernaussage folgen. Damit diese verständlich bleibt, darf sie etwas länger ausfallen. Zwei Sätze, in denen der Inhalt kurz und knapp wiedergegeben wird, dürfen es ebenfalls sein.

Die Inhaltszusammenfassung

In der Inhaltszusammenfassung gibst du die wichtigsten Handlungsschritte mit eigenen Worten knapp und sachlich wieder. Du darfst die Reihenfolge der Handlungsschritte nicht verändern. Die Zeitform ist hier Präsens oder Perfekt für die Vorzeitigkeit. Willst du eine wörtliche Rede übernehmen, dann musst du diese in die indirekte Rede setzen.

Exkurs: Verknüpfung von Sätzen

Um deine Inhaltszusammenfassung **sprachlich auszugestalten**, solltest du deine Sätze miteinander verknüpfen. Dazu eignen sich die folgenden Wortarten:

Adverbien: deshalb, daher, aus diesem Grund, trotzdem, dennoch, deswegen, daher, sonst, damit, dabei, damals, dann, danach, seitdem, davor, vorher, zuvor, währenddessen, solange, …

Konjunktionen: weil, da, denn, zumal, damit, um … zu, obwohl, aber, auch wenn, sodass, wenn, falls, vorausgesetzt dass, indem, wie, während, als, nachdem, seit, bis, …

Pronomen: Personalpronomen (er, sie, ihn, ihm, ihnen, …), Relativpronomen und Demonstrativpronomen (dieser, jener, das, …)

Ein **Beispiel** für die Satzverknüpfung mit Adverbien (A), Konjunktionen (K) und Pronomen (P). Possessivpronomen werden hierbei nicht berücksichtigt.
Damals (A) hat die Frau noch mit ihrem Mann und ihrem Sohn zusammengelebt, welcher (P) heute mit seinen Kindern vor der Tür ihrer Wohnung steht und sie (P) besuchen will. Die alte Frau freut sich sehr darüber (P), sodass (K) sie sogleich für diese (P) den Kaffeetisch deckt.

Die Inhaltszusammenfassung von literarischen Texten verfasst du normalerweise **ohne Struktursätze**, es sei denn, die Aufgabe lautet:
„Fasse den Textinhalt so zusammen, dass der Textaufbau erkennbar ist."
Dieser **Aufgabenstellung**, in der du die **Struktur des Textes** nachweisen sollst, eignet sich besonders bei Texten, deren Aufbau festgelegt ist. Dies ist vor allem bei der Kurzgeschichte der Fall. Hierzu kannst du dann folgende **Struktursätze** verwenden:

Unvermittelt eröffnet sich dem Leser ein Blick …
Nun erfolgt eine Überleitung …
Im Hauptteil …
Im nächsten Abschnitt …
Im darauf folgenden Abschnitt …
Danach schließt sich der Wendepunkt an. …
Höhepunkt ist …
Der Schluss bleibt offen. …

verstehen

Die Textsorten bestimmen

Diese Aufgabe erhältst du bei literarischen Texten oft nur bei den Kurzgeschichten, denn einen Roman liest du in Klassenarbeiten nur in Ausschnitten und eine Erzählung hat nicht genügend Merkmale, um eine ausführliche Textsortenbestimmung schreiben zu können.

Die **Merkmale für eine Kurzgeschichte** sind:
- Es gibt keine Einleitung, wie bei einer Erzählung, sondern einen **unvermittelten Einstieg**.
- Der **Schluss** einer Kurzgeschichte ist **offen**.
- Meist hat die Geschichte eine **Pointe**.
- Es gibt nur **einen Handlungsstrang**.
- Die Handlung führt zielstrebig auf den **Wende**- und/oder **Höhepunkt** zu.
- Es ist eine **Momentaufnahme** aus dem **Alltag** einer Person.
- Die Personen sind **Alltagsmenschen**, die eine einfache Sprache sprechen.
- Die **Personen** werden nur **wenig beschrieben**.
- Die Hauptfigur hat ein **prägendes Erlebnis** oder muss einen **inneren Konflikt** lösen.
- Es gibt keine genauen Angabe zu **Ort** und **Zeit** der Handlung.
- Die **Sprache** ist meist **einfach** und verständlich.
- Es kann **symbolhafte Anspielungen** geben.

Eine Textsortenbestimmung muss in einem **Dreierschritt** erfolgen. Du behauptest zunächst ein **Textmerkmal** für eine Kurzgeschichte. In einem zweiten Schritt beschreibst du, wie dieses Merkmal **inhaltlich realisiert** wurde und verwendest dann ein **Zitat** aus dem Text mit **Zeilenangabe**, um diese Behauptung zu belegen.

Bei der **Ausformulierung** kannst du diese Sätze verwenden:
Bei dem Text … handelt es sich um eine Kurzgeschichte. Das beweisen folgende, im Text nachweisbare Merkmale.

Hier erfolgt nun deine Argumentation. Als Schlusssatz kannst du verwenden:
Anhand dieser signifikanten Merkmale konnte bewiesen werden, dass es sich bei dem vorliegenden Text um eine Kurzgeschichte handelt.

Eine Argumentation könnte folgendermaßen aussehen:
Ein typisches Merkmal für eine Kurzgeschichte ist der unvermittelte Einstieg ins Geschehen. Hier erfährt der Leser, dass ein Mann gerade Zeitung gelesen hat, aber wir wissen nicht, wie der Mann heißt und wo er sich gerade befindet: „Er ließ die Zeitung sinken und spähte aus dem Fenster." (Z. 1)

Die Untersuchung der sprachlichen Auffälligkeiten

Um Geschichten anschaulich zu erzählen, setzen Autoren in literarischen Texten oft bestimmte sprachliche Mittel ein. Diese gilt es herauszufinden. Beschränke dich dabei aber nur auf die Auffälligkeiten.

Sprachliche Auffälligkeiten können eine besondere Wortwahl oder ein besonderer Satzbau sein, und der Autor verwendet gern Stilmittel, um ihm wichtige Passagen des Textes zu betonen. Somit sollst du bei dieser Aufgabe nicht nur die **Auffälligkeit** erkennen, **benennen** (1) und **zitieren** (2), vielmehr es ist ganz wichtig, dass du sie in einen **Textzusammenhang** setzt (3) und dann die **Wirkung** beschreibst (4). Du benötigst für deine Beweisführung also einen **Viererschritt**.

Beispiel 1:
Der Autor verwendet ausdrucksstarke Verben (1 - Auffälligkeit benannt) wie „stampfte" (Z. 7) und „schnaufte" (Z. 10) (2 – Auffälligkeit zitiert), die die Geräusche der Lok beschreiben (3 – Textzusammenhang erwähnt), welche damit betont werden (4 – Wirkung beschrieben).

Hättest du so dein Argument verfasst, würde dir dein Lehrer vermutlich daneben schreiben: „Zu allgemein" oder „Der Textzusammenhang ist kaum ersichtlich und die Wirkung ist zu allgemein formuliert."

Beispiel 2:
Der Autor verwendet ausdrucksstarke Verben (1) wie „stampfte" (Z. 7) und „schnaufte" (Z. 10) (2), um damit die Geräusche der Lok zu beschreiben, die sich dem Bahnhof näherte (3). Das bewirkt, dass sich der Leser die Geräusche vorstellen kann, die die am Bahnhof wartenden Menschen hören. Der Text wird somit anschaulicher (4).

Eine Auflistung der wichtigsten sprachlichen Auffälligkeiten findest du im Anhang.

Das richtige Zitieren
Zitate musst du wortwörtlich wiedergeben und in Anführungszeichen setzen. Du kannst ein Zitat kürzen, dann musst du eckige Klammern setzen [...]. Achte aber darauf, dass der zitierte Satz dann immer noch ein vollständiger Satz ist. Eine Ausnahme gibt es natürlich beim Zitieren von einzelnen Wörtern.

Die Absicht des Autors und die Zielgruppe bestimmen

Bei dieser Aufgabe kannst du dir vorweg ein paar Fragen stellen:

- Was für eine Textsorte ist das?
- Wo wurde sie veröffentlicht?
- Was bietet ein derartiger Text den Lesern?
- Was könnte der Autor dem Leser vermitteln wollen?
- Welche Leser fühlen sich angesprochen?

verstehen

Hast du Antworten auf diese Fragen gefunden, so musst du diese nur noch in einem Text ausformulieren. – Eine ausführlichere Beschreibung dieser Aufgabe findest du im Kapitel 4.

Der Schluss

Im Schluss des textgebundenen Aufsatzes kann man

- seine eigene Meinung zum Text und zum Thema äußern,
- auf das Verhalten der Figuren eingehen,
- auf die Wirkung des Textes auf den Leser eingehen (wenn es oben nicht schon verlangt wurde),
- die Situation auf eine selbst erlebte Situation übertragen,
- einen Wunsch für die Zukunft äußern.

Die Textuntersuchung

Die Textuntersuchung unterscheidet sich in einigen Dingen vom textgebundenen Aufsatz, in anderen Aspekten gleichen sich diese unterschiedlichen Herangehensweisen an einen literarischen Text jedoch.

Auch bei diesem Klassenarbeitstyp musst du eine **Einleitung** verfassen und den **Inhalt zusammenfassen**. Jedoch ist dann die weitere Bearbeitung des Textes davon abhängig, welche Fragen dir zum Text gestellt werden. Es sind meist Fragen zum Inhalt oder zur Erzählweise, die du ebenfalls in einem zusammenhängenden Text **beantworten** sollst. Abschließend folgt deine **Stellungnahme**.

Die Fragen zur Erzählweise

Hier werden dir Fragen dazu gestellt, welche **erzählerischen Gestaltungsmerkmale** der dir vorliegende Text aufweist. Dabei musst du folgende Aspekte untersuchen:

- **Die Erzählformen**
Hier musst du überlegen, ob der Text in der Ich-Form verfasst wird oder ob es einen Er-/Sie-Erzähler gibt.
Der **Ich-Erzähler** wird verwendet, wenn die Innensicht einer Figur dargestellt werden soll. Als Leser erfährst du so, was die Figur denkt und fühlt und du erlebst die Handlung aus der Sicht dieser Figur mit.
Auch der **Er-/Sie-Erzähler** kann die Handlung aus der Sicht einer Figur vermitteln, aber er verwendet das Personalpronomen „er" oder „sie".

- **Die Erzählhaltung**
Die Erzählhaltung kann entweder neutral sein oder personal.
Bei der **neutralen Erzählhaltung** erfährt der Leser nur das, was der Erzähler von außen beobachten oder hören kann. Er kann also nicht die Gedanken und Gefühle anderer Figuren schildern.

Bei der **personalen Erzählhaltung** kann der Erzähler in eine Figur hineinschlüpfen. Jetzt ist er in der Lage, die Gedanken und Gefühle der Figur mitzuteilen.

- **Der innere Monolog**

Dies ist eine Art Selbstgespräch einer Figur, bei der die Innensicht dieser Figur dem Leser verdeutlicht wird. Die Gedanken der Figur werden sozusagen lesbar gemacht (siehe auch den Exkurs: Innerer Monolog im Kapitel 1).

- **Die sprachliche Gestaltung**

Zu der Erzählweise gehört auch, wie der Autor die Sprache einsetzt. Hier solltest du besonders die Wortwahl und die sprachlichen Mittel auf ihre Wirkung hin untersuchen.

Für die Untersuchung des Textes nach der Erzählweise bietet sich folgende Tabelle als **Schreibplan** an, die du vor dem eigentlichen Verfassen deines Aufsatzes anlegen solltest:

Erzählweise	Ergebnis	Erläuterung und Wirkung
Erzählform und Erzählhaltung		
Innerer Monolog		
Sprachliche Gestaltung		

Hier nun ein Beispiel für eine Aufgabenstellung zur Erzählweise:

> Die altersgebeugte Frau gab sich viel Mühe, den Kaffeetisch einladend zu decken. Müde strich sie immer wieder über die Tischdecke, die auch schon bessere Zeiten erlebt hatte. *Wie lange war es her, dass sie Besuch bekommen hatte? Wie lange schon hatte sie darauf gewartet, dass ihr Sohn sie endlich*
> 5 *einmal mit seiner Familie besucht?* Sie lauschte. Noch konnte sie keine Schritte auf der Treppe hören und nur die Küchenuhr tickte laut, sodass sie auch ja nicht vergaß, wie schnell die Zeit verrann. *Ja, die Zeit. So viele Jahre lebte sie nun schon allein hier in der kleinen Zweizimmerwohnung. Es waren einsame Jahre gewesen. Ihr Mann war zu früh gestorben.* …

Die Aufgabenstellung könnte nun folgendermaßen lauten:
Die Autorin nutzt bestimmte erzählerische Gestaltungsmittel, um das Alter und die Einsamkeit der alten Frau zu vermitteln. Untersuche dies genauer.

Hier nun ein Beispiel für eine Ausformulierung:
Die Frau, die ihren Sohn und dessen Familie zum Kaffee erwartet, ist „müde"
(Z. 1) und „altersgebeugt" (Z. 1). Diese zwei Adjektive bewirken, dass die durch sie genauer beschriebene Person als alt erkannt wird. Auch erfährt der Leser in einer Art innerem Monolog der Frau, dass diese schon vor langen Jahren ihren Mann verloren hat und nun seit „so vielen Jahren" (Z. 7) allein in der Wohnung lebt. In diesem inneren Monolog erfährt der Leser auch, dass es „einsame Jahre" (Z. 8) gewesen waren und sie selbst nicht einmal mehr wusste, wann sie das letzte Mal Besuch bekommen hatte: „Wie lange war es her, dass sie Besuch bekommen hatte?" (Z. 3). Dies fragt

sich die Frau in Gedanken selbst – es ist also eine rhetorische Frage -, während sie den Tisch deckt und über die Tischdecke streicht, „die auch schon bessere Zeiten erlebt hatte." (Z. 2) Auch hier noch einmal der Hinweis auf das Alter der Frau und ihre triste Stimmung. Nicht nur sie, sondern ebenso die Tischdecke ist in die Jahre gekommen und ist irgendwann einmal in einem besseren Zustand gewesen. Das „Leben" der Tischdecke wird somit mit dem Leben der Frau verglichen.

Die Stellungnahme

Eine weitere Aufgabe ist es, zu einem Zitat oder zu einer Aussage Stellung zu nehmen.

Lies dir zunächst die Aussage oder das Zitat gut durch und überlege dir, wie du selbst dazu stehst und welche Begründungen du anführen kannst.
Hast du dir das überlegt, kannst du mit der Ausarbeitung beginnen.

1. Gib die Aussage, zu der du Stellung nehmen willst wieder. Ist es eine Aussage, dann musst du diese in der indirekten Rede formulieren. Ist es ein Zitat aus dem Text, so musst du es wörtlich und in Anführungszeichen wiedergeben. Vergiss die Zeilenangabe nicht.
2. Erläutere in einem zweiten Schritt, was mit dieser Aussage gemeint ist.
3. Gib deinen Standpunkt klar an.
4. Begründe nun deine eigene Meinung mithilfe des Textes. Du solltest hier auch Zitate verwenden.

Ein **Arbeitsauftrag** könnte folgendermaßen lauten:
Marc sagt über die Erzählung „Der Besuch": „Das ist eine Frechheit, dass der Sohn mit seiner Familie einfach nicht gekommen ist." Nimm Stellung zu dieser Aussage und begründe deine Meinung mithilfe des Textes.

Eine **Ausführung** könnte dann lauten:
Der Schüler Marc meinte nach dem Lesen, dass es eine Frechheit sei, dass der Sohn mit seiner Familie einfach nicht gekommen sei. Marc ist also der Meinung, dass der Sohn diesen Besuch nicht einfach absagen sollte, denn die Mutter hatte sich nach so langer Zeit auf diesen ersten Besuch so gefreut. Ich stimme dieser Aussage von Marc zu. In dem Ausschnitt der Erzählung wird sehr deutlich gemacht, wie sehr sich die alte Frau auf den Besuch freut. Sie „gab sich viel Mühe, den Kaffeetisch einladend zu decken." (Z. 1) Es ist für sie etwas Besonderes, Besuch von ihrem Kind zu bekommen, und so freuen sich alle Eltern und auch Großeltern, wenn sie von der Familie besucht werden. Das ist eine Unterbrechung der alltäglichen Routine. Oft haben die alten Menschen nicht mehr viel, worauf sie sich freuen können und fühlen sich einsam. So auch diese Frau, von der wir erfahren, dass ihr Mann „zu früh gestorben" (Z. 9) ist. Deshalb ist es so wichtig, dass die Kinder Abwechslung in das Leben der alten Menschen bringen, ihnen die Einsamkeit zumindest für kurze Zeit nehmen und ihnen zugleich ihre Dankbarkeit zeigen. Somit denke ich, dass die Aussage des Schülers genau zutrifft.

Walter Helmut Fritz: Augenblicke (1964)

Kaum stand sie vor dem Spiegel im Badezimmer, um sich herzurichten, als ihre Mutter aus dem Zimmer nebenan zu ihr hereinkam, unter dem Vorwand, sie wolle sich nur die Hände waschen. Also doch! Wie immer, wie *fast* immer. Elsas Mund krampfte sich zusammen, ihre Finger spannten sich. Ihre Augen
5 wurden schmal. Ruhig bleiben!

Sie hatte darauf gewartet, dass ihre Mutter auch dieses Mal hereinkommen würde, voller Behutsamkeit, mit jener scheinbaren Zurückhaltung, die durch ihre Aufdringlichkeit die Nerven freilegt. Sie hatte – behext, entsetzt, gepeinigt – darauf gewartet, weil sie sich davor fürchtete.

10 – Komm, ich mach dir Platz, sagte sie zu ihrer Mutter und lächelte ihr zu.

– Nein, bleib nur hier, ich bin gleich soweit, antwortete die Mutter und lächelte.

– Aber es ist doch so eng, sagte Elsa, und ging rasch hinaus, über den Flur, in ihr Zimmer. Sie behielt einige Augenblicke länger als nötig die Klinke in der Hand, wie um die Tür mit Gewalt zuzuhalten. Sie ging auf und ab, von der Tür
15 zum Fenster, vom Fenster zur Tür. Vorsichtig öffnete ihre Mutter. Ich bin schon fertig, sagte sie.

Elsa tat, als ob ihr inzwischen etwas anderes eingefallen wäre, und machte sich an ihrem Tisch zu schaffen.

– Du kannst weitermachen, sagte die Mutter.

20 – Ja, gleich.

Die Mutter nahm die Verzweiflung ihrer Tochter nicht einmal als Ungeduld wahr. Wenig später allerdings verließ Elsa das Haus, ohne ihrer Mutter adieu zu sagen. Mit der Tram fuhr sie in die Stadt, in die Gegend der Post. Dort sollte es eine Wohnungsvermittlung geben, hatte sie einmal gehört. Sie hätte zu Hause im
25 Telefonbuch eine Adresse nachsehen können. Sie hatte nicht daran gedacht, als sie die Treppen hinuntergeeilt war.

In einem Geschäft für Haushaltungsgegenstände fragte sie, ob es in der Nähe nicht eine Wohnungsvermittlung gebe. Man bedauerte. Sie fragte in der Apotheke, bekam eine ungenaue Auskunft. Vielleicht im nächsten Haus. Dort läutete
30 sie. Schilder einer Abendzeitung, einer Reisegesellschaft, einer Kohlenfirma. Sie läutete umsonst.

Es war später Nachmittag, Samstag, zweiundzwanzigster Dezember. Sie sah in eine Bar hinein. Sie sah den Menschen nach, die vorbeigingen. Sie trieb mit. Sie betrachtete Kinoreklamen. Sie ging Stunden umher. Sie würde erst
35 spät zurückkehren. Ihre Mutter würde zu Bett gegangen sein. Sie würde ihr nicht mehr gute Nacht zu sagen brauchen.

Sie würde sich, gleich nach Weihnachten, eine Wohnung nehmen. Sie war zwanzig Jahre alt und verdiente. Kein einziges Mal würde sie sich mehr beherrschen können, wenn ihre Mutter zu ihr ins Bad kommen würde, wenn sie sich
40 schminkte. Kein einziges Mal.

Ihre Mutter lebte seit dem Tod ihres Mannes allein. Oft empfand sie Langeweile. Sie wollte mit ihrer Tochter sprechen. Weil sich die Gelegenheit selten ergab (Elsa schützte Arbeit vor), suchte sie sie auf dem Flur zu erreichen oder wenn sie

im Bad zu tun hatte. Sie liebte Elsa. Sie verwöhnte sie. Aber sie, Elsa, würde kein
45 einziges Mal mehr ruhig bleiben können, wenn sie wieder zu ihr ins Bad käme.
Elsa floh.
Über der Straße künstliche, blau, rot, gelb erleuchtete Sterne. Sie spürte Zunei-
gung zu den vielen Leuten, zwischen denen sie ging.
Als sie kurz vor Mitternacht zurückkehrte, war es still in der Wohnung. Sie ging
50 in ihr Zimmer, und es blieb still. Sie dachte daran, dass ihre Mutter alt und oft
krank war. Sie kauerte sich in ihren Sessel, und sie hätte unartikuliert schreien
mögen, in die Nacht mit ihrer entsetzlichen Gelassenheit.

Aus: Generationen. Geschichten und Gedichte über Junge und Alte. Hrsg von Theodor Karst,
Stuttgart 1999, S 46 – 48.

1 **Der Kernsatz sollte das Wesentlich kurz und klar wiedergeben. Welche der folgenden Kernsätze ist geeignet? Kreise A, B, C oder D ein.**

Die Geschichte handelt von …

A	einer Mutter und einer Tochter, die gemeinsam in einer kleinen Wohnung leben und das Zusammenleben nicht mehr ertragen.	B	einer jungen Frau, die sich eine eigene Wohnung nehmen möchte, da sie jetzt genug Geld verdient.
C	der 20-jährigen Elsa, die das Zusammenleben mit ihrer alten Mutter nicht mehr erträgt und die sich eine eigene Wohnung nehmen möchte. Dennoch befallen sie Zweifel.	D	einer Auseinandersetzung zwischen Mutter und Tochter. Die Tochter beschließt nun, sich eine eigene Wohnung zu nehmen.

2 **Den Kernsatz benötigst du für die Einleitung. Welche konkreten Angaben benötigst du noch dafür? Schreibe in dein Heft.**

3 **Fasse den Inhalt zusammen.**

a) Ordne die folgenden Handlungsschritte der Geschichte in der richtigen
Reihenfolge. Trage dazu die Zahlen 2 – 10 ein.

A	Die Mutter erscheint unter einem Vorwand im Badezimmer.	F	Elsa verlässt das Badezimmer.
B	Elsa erträgt die Aufdringlichkeit der Mutter nicht mehr, diese bemerkt die Verstimmung der Tochter nicht.	G	Elsa irrt durch die Stadt und denkt über ihren Plan nach.
C	Die Suche nach einer Wohnungsvermittlung verläuft erfolglos.	H	Elsa steht im Badezimmer und will sich schminken.
D	Elsa kehrt in die Wohnung zurück und könnte schreien.	I	Elsa verlässt die Wohnung, ohne sich zu verabschieden.
E	Auf der Straße fühlt Elsa sich wohler als zu Hause.	J	Elsa erträgt die Annäherungen der Mutter nicht mehr– hat aber auch Bedenken, sie zu verlassen.

A	B	C	D	E	F	G	H	I	J
							1		

b) Verfasse eine Inhaltszusammenfassung ohne Struktursätze. Schreibe in dein Heft.

4 **Beschreibe das Verhältnis der Tochter zu ihrer Mutter. Belege deine Ausführungen am Text. Schreibe in dein Heft.**

5 **Erläutere, dass es sich bei „Augenblicke" um eine Kurzgeschichte handelt.**
Die Geschichte handelt von

a) Kreuze an, welche Merkmale für die Kurzgeschichte allgemein zutreffen. Es können mehrere Aussagen richtig sein.

Typisch für eine Kurzgeschichte im Allgemeinen ist ...

A	das Auftreten einer weiblichen Hauptfigur.
B	das Auftreten einer Figur, die einen Konflikt hat.
C	das Auftreten einer Figur, die kaum beschrieben wird.
D	das Auftreten einer Figur, die sich in einer Alltagssituation befindet.
E	das Auftreten einer Figur, die zum Schluss ein Problem gelöst hat.

b) Kreuze an, welche Merkmale für diese Kurzgeschichte zutreffen.

A	Es gibt einen unvermittelten Einstieg und einen offenen Schluss.
B	Es handelt sich um Alltagsmenschen, die die Alltagssprache sprechen.
C	Die Handlung ist linear, es gibt keine Nebenhandlungen.
D	Es gibt symbolhafte Anspielungen.
E	Die Geschichte hat einen Wendepunkt und eine Pointe.

c) Zu welchen Merkmalen gehören die folgenden Textbezüge. Trage die Merkmale ein.

Merkmal	Textbezug
	Elsa steht im Badezimmer, als ihre Mutter hereinkommt.
	Die Mutter stört die Tochter im Bad mit ihrer Anwesenheit.
	Elsa arbeitet und ist 20 Jahre alt, die Mutter ist krank, alt und Witwe.
	Elsa verlässt die Wohnung, um eine Wohnungsvermittlung aufzusuchen.
	Sie kehrt spät zurück, sitzt in einem Sessel und könnte schreien.

üben

6 Sami sagt nach dem Lesen des Textes: „Eine eigene Wohnung würde an der Situation auch nicht so viel ändern, denn sie würde trotzdem immer ein schlechtes Gewissen gegenüber ihrer Mutter haben." Nimm Stellung zu der Aussage und begründe deine Meinung mithilfe von Textstellen.

✳ a) Wie sollte der Aufbau deiner Stellungnahme sein?

1.	
2.	
3.	
4.	

✳ b) Verfasse eine Stellungnahme.
✳✳
✳

_____

_____

_____

_____

_____

_____

_____

_____

_____

_____

_____

_____

Stefan Slupetzky – Der Kondensmilchmann (2004)

Zwanzig nach sieben, Supermarkt „Fröhlicher Mohr". Die Fröhlichkeit hat sich ein lauschigeres Plätzchen gesucht, irgendwo weiter im Süden vielleicht, gegen Mittag, frühestens. Und auch kein Mohr weit und breit. Nur graue Mienen, graue Mäntel, graue Menschen. Louis Armstrong röhrt munter aus den Boxen, das
5 nennen sie behagliche Atmosphäre, draußen grauer Himmel, zwanzig nach sieben in der Früh, ein Scherz. Die Kassen rattern.

Vorne sie, einen Apfel in der Hand, hinten er, Kondensmilch, wie immer. Ganz vorne in der Reihe ein alter Mann mit vollem Einkaufswagen. Schokozwergi, nichts als Schokozwergi. Alte Männer gehen sonst nur nachmittags zum „Fröh-
10 lichen Mohren". Wahrscheinlich kommen seine Enkel auf Besuch, denkt der Kondensmilchmann am Schluss der Schlange, umso besser. Und er betrachtet wieder sie. Die Apfelfrau. Katzenhafte Apfelfrau.

Täglich um zwanzig nach sieben kauft die Apfelfrau einen Apfel. Täglich um zwanzig nach sieben kauft der Kondensmilchmann eine Dose Kondensmilch. Er
15 braucht keine Kondensmilch. Seinen Kaffee trinkt er schwarz. Er müsste erst viel später aus dem Bett. Doch dann wäre sie nicht mehr da, die Apfelfrau. Katzenhafte Apfelfrau. Schwarz glänzende, weißhäutige Apfelfrau. Sie könnte Tänzerin sein. Aber Tänzer tanzen nicht um diese Uhrzeit.

Täglich um zwanzig nach sieben steht der Kondensmilchmann in der Warte-
20 schlange. Gleich hinter der Apfelfrau. Er kauft Kondensmilch, weil Kondensmilch haltbar ist. Etwas muss er kaufen. So kann er die Apfelfrau ansehen. Er bezahlt und tritt auf die Straße. Grauer Himmel, Nieselregen. Die Apfelfrau verschwindet eben um die Ecke. Wahrscheinlich ist sie Studentin. Eine von den fleißigen. Der Kondensmilchmann geht heim und stellt die Dose mit Kondensmilch zu den
25 anderen.

Es sind Hunderte. Sie stapeln sich in der Küche, im Bad, im Schlafzimmer. Sie füllen die Schränke. Der Kondensmilchmann geht seit über zwei Jahren zum «Fröhlichen Mohren». Das macht rund sechshundert Dosen Kondensmilch, wenn man die Sonntage und die Ferien wegzählt. An den Sonntagen kein „Fröhlicher
30 Mohr". In den Ferien keine Apfelfrau. Der Sommer kommt. Und die Ferien.

Der Kondensmilchmann hasst die Ferien. Er mag die Sonntage nicht, aber die Ferien fürchtet er. Zwei Monate ohne Apfelfrau.

Ich muss ein Zeichen setzen, stark sein, etwas wagen, denkt der Kondensmilch-mann, morgen beginnen sie, die Ferien.

35 Zwanzig nach sieben, Supermarkt „Fröhlicher Mohr". Mahalia Jackson swingt über Müsliriegeln und Klosettpapier, draußen strahlt die Sonne. Der Kondens-milchmann fasst sich ein Herz. Er kauft keine Kondensmilch. Er kauft einen Apfel.

Vor ihm in der Schlange, katzenhaft, die Apfelfrau. Sie duftet.

40 Der Kondensmilchmann ist sehr aufgeregt. Er denkt: Ich habe ein Recht auf diesen Apfel. Viele Menschen essen Äpfel. Es ist ganz selbstverständlich. Ich kaufe einen Apfel, weil ich will. Dies ist ein freies Land. Ich bin ein freier Mann. Ich möchte heute einen Apfel essen. Er denkt: Ich habe noch nie einen Apfel gekauft. Ich bin ein unverschämter Kerl. Mein Zeichen ist zu aufdringlich, zu

45 plump. Hoffentlich bemerkt sie es nicht.

Die Apfelfrau bemerkt es nicht. Biegt um die Ecke, und die Ferien kommen.

Es werden seltsame Ferien. Heiße, gute Ferien. Der Kondensmilchmann kauft keine Kondensmilch mehr. Er schläft sich aus. Er schreibt. Er fährt mit seinem Rad zum See, liegt in der Sonne, schwimmt. Neben ihm liegt eine Frau im Gras.

50 Sie liest ein Buch. Auch andere Mütter haben schöne Töchter. Manchmal ist alles so einfach.

Als die Tage kürzer werden und die ersten Drachen steigen, sind sie ein Liebes- paar. Er und sie, die Frau mit dem Buch. Die Ferien sind längst vorbei. Auf dem nassen Pflaster glänzt die Neonschrift des „Fröhlichen Mohren".

55 Der Kondensmilchmann geht nicht mehr hin. Er sucht eine größere Wohnung. Für sich und für seine Freundin und für das Kind, das sie erwartet. Und für sechshundert Dosen Kondensmilch.

Die Wohnung ist hell und schön. Gründerzeit.

„Vorher war diese Kommune drin", sagt der Makler. „Studenten. Nichtstuer eben.
60 Man hat die Leute delogiert, nach allem, was die hier getrieben haben."

„Sehen Sie selbst", sagt der Makler, „eine Wohnung ist doch kein Lagerhaus." Er öffnet eine Tür. Dahinter stapeln sich die Einmachgläser bis zur Decke. Es sind Hunderte.

„Diese Verrückten", sagt der Makler zum Kondensmilchmann, „können Sie das
65 verstehen? Apfelmus. Nichts als Apfelmus."

Stefan Slupetzky. Der Kondensmilchmann. In:
„Absurdes" Glück. Bittersüße Geschichten. Picus-Verlag Wien, 2. Auflage 2010, S. 51-54

1 **Was ist die Kernaussage dieser Kurzgeschichte. Verfasse einen Kernsatz.**
✳ **Eventuell brauchst du auch zwei Sätze.**

_____

_____

_____

_____

können

2 Fasse den Text so zusammen, dass der Textaufbau erkennbar wird. Verwende folgende Struktursätze und denke auch an die Zeilenangaben. Schreibe in dein Heft.

> Unvermittelt eröffnet sich dem Leser ein Blick …
> Nun erfolgt eine Überleitung …
> Im Hauptteil …
> Im nächsten Abschnitt …
> Danach schließt sich der Wendepunkt an. …
> Im darauf folgenden Abschnitt …
> Als Vorbereitung auf den Höhepunkt …
> Der Höhepunkt ist zugleich der Schluss. …

/16

3 Bei der Textsortenbestimmung sollen die Merkmale der Kurzgeschichte im vorliegenden Text nachgewiesen werden.

a) Welche der Merkmale sind in dieser Kurzgeschichte **nicht** zu finden? Kreuze an!

☐	Die Geschichte hat eine Pointe.
☐	Es ist eine Momentaufnahme aus dem Leben eines Menschen.
☐	Es gibt einen Wende- und einen Höhepunkt.
☐	Es gibt keine genauen Angaben zu Ort und Zeit des Geschehens.

/2

b) Ordne die Merkmale den richtigen Textbezügen und den richtigen Zitaten zu. Trage dazu die Nummer des Merkmals ein.

1 Ein Handlungsstrang und keine Nebenhandlung	☐ „Ich kaufe einen Apfel, weil ich will. Dies ist ein freies Land. Ich bin ein freier Mann." (Z. 41–42)	☐ Die richtigen Namen der Figuren werden nicht genannt.
2 Wenig detaillierte oder in die Tiefe gehende Beschreibung der Personen	☐ „Täglich um zwanzig nach sieben steht der Kondensmilchmann in der Warteschlange." (Z. 19–20)	☐ Es ist der Kauf des Apfels, der dem Mann die Freiheit gibt, sich aus der Routine zu befreien.
3 Symbolhafte Anspielung	☐ „Kondensmilchmann" (Z. 14. 19, 24) „Apfelfrau" (Z. 13, 16, 17). „Die Frau mit dem Buch" (Z. 53)	☐ Erlebnis eines Mannes, der jeden Tag in den Supermarkt geht, um eine Frau zu sehen.

/6

c) Formuliere die Textsortenbestimmung der drei in b) erwähnten Merkmale aus. Verwende die Zitate und die Textbezüge. Denke auch an die Struktursätze am Anfang und Ende. Schreibe in dein Heft.

/11

4 Untersuche die Sprache der Kurzgeschichte.

a) Benenne die folgenden sprachlichen Auffälligkeiten und gib den dazugehörigen Bereich der Sprachuntersuchung an.

Benennung der sprach-lichen Auffälligkeit	Zitate aus dem Text	Der dazugehö-rige Bereich
0. Bsp. Anapher oder Parallelismus	„Täglich um zwanzig nach sieben kauft die Apfelfrau einen Apfel. Täglich um zwanzig nach sieben kauft der Kondens-milchmann eine Dose Kondensmilch." (Z. 13–14)	Bsp. stilistisches Mittel
1.	„Kondensmilchmann" (Z. 14), „Apfelfrau" (Z. 13)	
2.	„grau" (Z. 3, 4)	
3.	„...die Apfelfrau. Katzenhafte Apfelfrau. Schwarz glänzende, weißhäutige Apfel-frau." (Z. 14–15)	
4.	„Zwanzig nach sieben, Supermarkt „Fröhlicher Mohr"." (Z. 1)	
5.	„..., aber die Ferien fürchte er." (Z. 31–32)	
6.	„Auch andere Mütter haben schöne Töchter." (Z. 50)	
7.	„Er schläft sich aus. Er schreibt. Er fährt mit seinem Rad zum See, liegt in der Sonne, schwimmt." (Z. 48–49)	
8.	„delogiert" (Z. 60)	
9.	„Für sich und für seine Freundin und für das Kind, das sie erwartet. Und für sechshundert Dosen Kondensmilch." (Z. 56–57)	
10	„Schokozwergi, nichts als Schokozwergi." (Z. 8–9)	

/20

/15

b) Formuliere Teile der Sprachanalyse aus. Verwende dazu aus der Nummer 4a) die Nummern O, 1 und 2. Denke an die Nennung der sprachlichen Auf-fälligkeit, den Bereich, das Zitat, den Textzusammenhang und die Wirkung. Schreibe in dein Heft.

/3

5 **Verfasse einen Schluss. Formuliere deine eigene Meinung zum Thema, begründe sie und äußere einen Wunsch für die Zukunft. Schreibe in dein Heft.**

Gesamt:

/ **74**

4 Journalistische Texte untersuchen

In diesem Kapitel wiederholst du anhand von **Reportage** und **Kommentaren**,
- wie du in einem Aufsatz die Merkmale verschiedener Textsorten nachweisen kannst,
- wie man die sprachlichen Auffälligkeiten einteilen kann und die Wirkung dieser beschreibt,
- wie du die Intention des Autors/der Autorin beschreiben kannst,
- wie du die Zielgruppe festlegst,
- wie du einen Schluss verfasst.

Die Textsorten Meldung, Nachricht, Bericht, Reportage und Kommentar sind journalistische Textsorten, die zu den informierenden Texten gehören. Diese Art der Berichterstattung erscheint in Zeitungen bzw. Zeitschriften.

Die **Meldung**, die **Nachricht** und der **Bericht** gehören zu den Textsorten, die über ein aktuelles Ereignis sachlich, wahrheitsgetreu und **ohne persönliche Wertung** berichten.

Die **Reportage** und der **Kommentar** gehören dagegen zu den journalistischen Textsorten, die sachliche Informationen gepaart mit **persönlicher Wertung** wiedergeben. Die persönliche Wertung ist bei der Reportage weniger, beim Kommentar stärker zu erkennen.

Die Textsorten untersuchen

Die **Aufgaben**, die du bei einem textgebundenen Aufsatz bearbeiten musst, ähneln sich meistens. Es wird von dir verlangt, dass du
- den Text zusammenfasst,
- die Textsorte nachweist,
- die Sprache untersuchst,
- die Absicht des Autors und die Zielgruppe bestimmst,
- eine eigene Meinung zu dem Text verfasst.

Die Inhaltszusammenfassung
Wie man einen Sachtext zusammenfasst, erfährst du im Kapitel 2.

Der Nachweis der Textsorte
Bei der Bestimmung der Textsorte gehst du auf die Merkmale zum Aufbau einer bestimmten Textsorte ein und du kannst zudem die typischen sprachlichen Merkmale einer Textsorte nennen. Eine Übersicht der Textsorten mit ihren Merkmalen findest du im Anhang.

verstehen

Bei dem Nachweis musst du **im Dreierschritt argumentieren**:
1. Das **typische Merkmal** nennen,
2. wie und wo im Text es inhaltlich umgesetzt wird (**Textbezug**),
3. die Textstelle **zitieren** und die **Zeilen angeben**.

Hier ein Beispiel für die Bestimmung eines Merkmals:
Die Reportage beginnt mit einer sehr detaillierten Schilderung, der Zoomtechnik, die typisch für die Reportage ist. Hier wird beschrieben, wie die Schiffbauer arbeiten: „Funken sprühen, Schweißgeräte jaulen, Männer in ölverschmierten Overalls verkleiden ein lang gezogenes Stahlskelett mit einer glänzenden Haut aus Metall." (Z. 1 – 4)

Dieses und die folgenden Textzitate stammen aus dem Text „Mut zur Lücke" von Daniela Schröder, mobil 02/11, S. 10 – 11.

Einleiten kannst du deine Textsortenbestimmung mit folgenden Formulierungen:
Im Folgenden soll die Textsorte anhand von fünf Merkmalen bestimmt werden.
Nun soll die Textsorte anhand von fünf Merkmalen bestimmt werden.

Schlusssatz für deine Textsortenbestimmung könnte sein:
Die hier aufgeführten Textmerkmale beweisen, dass es sich um einen Bericht/eine Reportage/einen Kommentar handelt.

Die Untersuchung der sprachlichen Auffälligkeiten

Dieser Teil des Aufsatzes wird auch **Sprachanalyse** genannt. Ziel dieser Aufgabe ist es, anhand der **sprachlichen Auffälligkeiten** die Intention des Autors herauszuarbeiten. So könnte es zum Beispiel sein, dass der Autor viele Fachbegriffe verwendet und somit eine bestimmte Lesergruppe anspricht und informiert, nämlich jene, die diese Fachbegriffe versteht.

Die sprachlichen Besonderheiten lassen sich in **vier Kategorien** einteilen. Diese sind:
- **Wortarten**
- **Satzbau**
- **Sprachebene**
- **stilistische Mittel**

Wenn es dir schwer fällt, die sprachlichen Auffälligkeiten zu erkennen, dann hilft dir vielleicht ein Trick aus der Grundschule. Dort hast du Reizwortgeschichten geschrieben und um diese drei Wörter solltest du eine Geschichte erfinden. Suche bei einem dir vorliegenden Text nun auch die fiktiven Reizworte heraus und suche in ihrem Umfeld nach sprachlichen Auffälligkeiten.

Die Wortarten

Zu den **Wortarten** gehören:

	Beispiele	Ganz allgemeine Wirkung
• häufige Verwendung von bestimmten Wortarten	Verben, Adjektive Substantive Zahlen Pronomen Adverbien	lebendig, anschaulich, beschreibend fachlich, sachlich, hölzern wissenschaftlich verallgemeinernd, die Namen werden nicht genannt Reihenfolge betonen
• Fachbegriffe und Fremdwörter		wissenschaftlich, der Autor beweist Know-how und ist glaubhaft
• Wortfamilien		Betonung einer Sache oder Tätigkeit

Aber nur wenn eine Wortart wirklich häufig vorkommt oder sehr auffällig verwendet wird, solltest du auch darauf eingehen. Denn ein Text besteht aus verschiedenen Wortarten, das ist selbstverständlich und muss nicht erwähnt werden.

Der Satzbau

Zum Satzbau gehören:

	Beispiele	Ganz allgemeine Wirkung
• die Satzarten	Aussagesatz, Fragesatz Ausrufesatz Befehlssatz	sachlich Einbezug des Lesers, Dialog, lebendiger Text Wunsch, gefühlsbetont zeigt die Rangordnung im Text an
• der Satzbau	Satzreihe Satzgefüge kompliziert einfach	
• die Satzlänge	kurz lang	allgemein verständlich, Spannungsaufbau, für junges Publikum, eher für ein gebildetes Publikum

Die Sprachebene

Zur Sprachebene gehören:

- Dialekt
- Umgangssprache (Dialekt und Hochsprache gemischt)
- Alltagssprache
- Hochdeutsch
- Jugendsprache
- Fachsprache

Tipp
Du solltest darauf achten, welche Bezeichnungen für eine Sache oder eine Person verwendet werden. Diese Bezeichnungen sagen viel über die Sprachebene aus.

Für die **Wortarten**, den **Satzbau** oder die **Sprachebene** findest du immer **mehrere Beispiele**. Die **Stilmittel** dagegen werden ganz gezielt und meist **einmalig** eingesetzt.

verstehen

Bei der Beschreibung der sprachlichen Auffälligkeiten musst du im **Viererschritt** vorgehen. Nachdem du den Text genau gelesen hast, solltest du
1. das **Stilmittel benennen,**
2. das **Stilmittel zitieren** (einschließlich Zeilenangabe),
3. beschreiben, wo es inhaltlich im Textzusammenhang zu finden ist (Textbezug),
4. beschreiben, was die spezifische Wirkung dieses Stilmittels in diesem Text ist.

Hier ein Beispiel dafür:
Auffällig ist eine gleich am Anfang des Textes verwendete Aufzählung: „Ihre Mittagspause verbringen sie am Ufer des Oder-Spree-Kanals, essen Brote, trinken Thermoskannenkaffee, rauchen." (Z. 7 – 9). Hier wird beschrieben, wie die Schiffbauer ihre Mittagspause verbringen. Die Aufzählung der einzelnen Tätigkeiten bewirkt, dass sich der Leser vorstellen kann, wie die Arbeiter zusammen sitzen und Pause machen.

Die Beschreibung der Intention des Autors

Die Absicht des Autors kann **sehr verschieden** sein und **variiert** auch von Textsorte zu Textsorte. In sachlicheren Texten – wie dem Bericht – will der Autor sicherlich mehr informieren als in subjektiv gefärbten Texten – wie dem Kommentar. Hier steht wohl mehr die Absicht im Vordergrund, den Leser zum Nachdenken anzuregen und auch die eigene Meinung zu einem Thema bekannt zu geben.

Dies sind **mögliche Absichten** eines **Autors:**
- den Leser unterhalten,
- über ein Ereignis, eine Person informieren,
- Probleme verdeutlichen,
- auf etwas aufmerksam machen,
- am Erlebnis teilhaben lassen,
- das Interesse des Lesers für ein Thema wecken,
(Diese Intentionen passen zu subjektiven und objektiven Texten.)
- den Leser zum Nachdenken anregen,
- den Leser dazu anregen, sich eine eigene Meinung zu bilden,
- den Leser dazu anregen, seine Meinung zu ändern,
- dem Leser die eigene Meinung mitteilen,
- den Leser von der eigenen Meinung überzeugen,
- einen Sachverhalt oder Person kritisieren,
- einen Appell aussprechen,
- den Leser zu etwas animieren.
(Diese Intentionen passen eher nur zu subjektiven Texten.)

Gehe in der Ausformulierung auch auf deine **Ergebnisse der Sprachanalyse** ein. Dafür hast du sie ja eigentlich gemacht! Benutzt der Autor beispielsweise viel Ironie und bildhafte Sprache, dann will er wohl unterhalten, aber auch etwas kritisieren. – Ebenso solltest du dir überlegen, wo der **Text veröffentlich** wurde.

Stammt der Text beispielsweise aus einer Fachzeitschrift, so ist die Absicht des Autors eher, den Leser zu informieren.

Hier ein Beispiel dafür:
Die Autorin Daniela Schröder möchte mit ihrer Reportage „Mut zur Lücke" sicherlich unterhalten, da dieser Text in der Zeitschrift „mobil" abgedruckt wurde, die in der Deutschen Bahn ausliegt und für jeden Zugreisenden zugänglich ist.

In dem Text geht es um die Wiederbelebung einer Werft, sodass der Leser eigentlich einige Fachbegriffe erwartet. Wie sich aber in der Sprachanalyse herausstellte, ist der Text in der Alltagssprache verfasst. Somit möchte die Autorin wahrscheinlich weniger über das Handwerk des Schiffsbauers als über den Werdegang der Leiterin, Elke Ruchatz, informieren.

Die Angabe der Zielgruppe

Manchmal wird von dir auch gefordert, die Zielgruppe zu bestimmen. Auch hier kannst du z. T. auf die Ergebnisse deiner Sprachanalyse zurückgreifen. Werden beispielsweise viele Fachbegriffe verwendet, die der Autor als bekannt voraussetzt, so kann der Text für Experten verfasst worden sein. Sind die Sätze kurz und erkennt man viele Satzreihen, aber kaum Satzgefüge, so richtet sich der Text entweder an Kinder und Jugendliche oder an Menschen mit weniger formaler Bildung und Sprachkenntnissen.

Hier ein paar Möglichkeiten, Zielgruppen zu benennen:
- Kinder und Jugendliche
- Frauen oder Männer (eventuell auch das Alter und das Einkommen beachten)
- Experten oder Fachleute
- Tierliebhaber
- Sportbegeisterte
- Eltern ...

Die Ausformulierung des Schluss

Der Schluss des Aufsatzes sollte diesen abrunden. Hier bieten sich ein paar **Möglichkeiten** an.
Du kannst
- deine **wichtigsten Ergebnisse** kurz zusammenfassen und/oder
- eine **persönliche Stellungnahme** zum Text oder Thema verfassen und/oder
- einen **Wunsch** für die Zukunft äußern.

Deine Ausformulierung des Schlusses ist wichtig und du solltest dir dafür wirklich Zeit nehmen und nicht nur zwei Sätze schreiben. Er muss andererseits aber nicht lang sein, er muss **prägnant, knapp** und **gut formuliert** sein. Es ist nämlich der Teil, den der Leser zuletzt liest und den er am besten im Gedächtnis behält!

1 Die unterschiedlichen Textsorten in einer Zeitung weisen verschiedene
★ Merkmale auf. Setze mithilfe des Wortspeichers unten die passenden
Begriffe ein. (Vorsicht! Es befinden sich mehr Worte im Speicher als von dir
benötigt werden.)

Der _Zeitungsbericht_ sollte ein Ereignis _____

und _____ wiedergeben, weil seine Aufgabe darin

besteht, die Leser zu _____. Neben der eigent-

lichen Nachricht, _____, enthält ein Bericht auch

_____, d. h. Informationen, die mit dem Thema zu tun

haben.

Kommentare gibt es zu verschiedenen Themen aus allen _____

_____, z. B. Politik, Sport, Lokales. In diesen Texten

werden _____ Ereignisse und Sachverhalte erläutert,

_____ und _____, wobei der Autor die Leser zur

_____ anregen will. Da es sich bei einem Kommentar um

eine _____ Meinungsäußerung und um eine _____

Sicht handelt, muss der _____ genannt werden.

Die **Reportage** ist auch eine _____ Darstellungsform, die

auf den _____ Eindrücken des Verfassers beruht. In ihr verbinden

sich _____, _____ und die

_____ von Fachleuten. Sie versucht in _____

Weise über ein _____ oder eine Person zu berichten und

die _____ einzufangen.

Aktuelle   subjektive   sachlich   sachliche   Atmosphäre   Verfasser
bewertet   Bereichen   informierende   objektiv   anschaulicher
Meinungsbildung   Ereignis   Hintergrundinformationen   persönlichen
persönliche   informieren   Befragung   gedeutet   der Meldung
objektiven   erzählt   appellierende
Hintergrundinformationen   Tatsachenbericht

2 Die Reportage „Gegen die Laufrichtung" von Daniela Schröder stammt aus der Zeitschrift „mobil 01/09", S. 62. Jedoch fehlt hier die äußere Gestaltung. Am Inhalt kann man trotzdem erkennen, um welche Textsorte es sich handelt.

Gegen die Laufrichtung

Während die großen Hersteller in Fernost fertigen lassen, wagt das Hamburger Unternehmen Lunge einen mutigen Schritt und bringt Laufschuhe „Made in Germany" heraus. Nun ist langer Atem (a) gefragt – und Zuver-
5 sicht, dass aus dem hochpreisigen Nischenprodukt ein Renner wird.

In Millimeterabständen sticht die Nadel in das grellgrüne (b) Material. Behutsam, aber fest, schiebt Karin Karstedt die Rundung des Kunstleder-lappens (c) unter dem Nähkopf (c) hindurch. Sauber sieht die Naht aus und ihr Abstand zum Rand ist exakt gleichmäßig. Die Näherin stoppt ihre
10 Maschine, legt ein neues Stück an und drückt auf zwei Knöpfchen am Display (d). Die Nadel surrt wieder los, webt in das Grün eine weitere Naht. Geduld, Geschick und Präzision (e) sind gefragt in Düssin, einem Dorf mit 200 Einwohnern im Westen Mecklenburg-Vorpommerns. Die Hamburger Sportwarenhändler Ulf und Lars Lunge lassen hier in einem ehemaligen
15 Kuhstall fertigen, was auf dem hart umkämpften Markt bisher als undenk-bar galt: Premium-Sportschuhe, von Sohle bis zum Schnürsenkel „Made in Germany".

✳
✳ **a)** **Nenne fünf inhaltliche Merkmale für die Textsorte und gib die Zeilen als**
✳ **Beleg an.**

1. _____ Z._____

2. _____ Z._____

3. _____ Z._____

4. _____ Z._____

5. _____ Z._____

✳
✳ **b) Benenne die im Text unterstrichenen Stilmittel.**
✳
1. _____

2. _____

3. _____

4. _____

5. _____

3 Eines der Wörter passt nicht in die Reihe. Streiche das Wort und begründe, warum es nicht passt.
✳
✳

Einleitung – Hauptteil – ~~Layout~~ - Schluss

Layout ist falsch, weil die Layoutbeschreibung ein Unterpunkt im Hauptteil ist.

Verfasser – Erscheinungsdatum – Textsorte – Titel – Schlüsselwort

_____

_____

Sinnabschnitt – Kernsatz – Seitenangabe – Autor – Name der Zeitung

_____

_____

Kommentar – Meldung – Bericht – Kurzgeschichte – Reportage

_____

_____

Adjektiv – Alliteration – Adverb – Substantiv – Verb

_____

_____

Ausrufesatz – Satzreihe – Konjunktion – Satzgefüge – Befehlssatz

_____

_____

Metapher – Vergleich – Redewendung – Wortspiel – Ellipse

_____

_____

Hochdeutsch – Altdeutsch – Fachsprache – Jugendsprache – Dialekt

_____

_____

informieren – erzählen – kritisieren – appellieren – überzeugen

_____

_____

Grundlagen – Erschließen eines Kommentars mit Leitfragen

Der folgende Kommentar bezieht sich auf den Bericht „Tod durch Koffein" in der Augsburger Allgemeinen vom 18.05.2017.

Kommentar am Rande
Koffein für Schulkids?

Monster wurden auf dem Schulhof
gesichtet, Schulkinder mit Flügeln
5 auch. So ungewöhnlich das klingt,
so ungewöhnlich ist es leider nicht;
denn bei den Schülern sind die
Getränke, die Geist und Körper
beleben, sehr beliebt. Nach einer
10 Umfrage der EFSA (Europäischen
Lebensmittelbehörde) trinken
68 Prozent der Jugendlichen
zwischen 10 und 18 Jahren diese
Muntermacher. Mitte Mai wurde
15 dies zu einem Verhängnis für einen
16-jährigen Schülers aus den USA:
Davis Allen Cripe starb an einer
Überdosis Koffein aus einem Mix
aus Milchkaffee, Mountain Dew
20 und Energie Drink.

Der Vater des Jungen appelliert
über die Medien an alle Eltern:
„Sprecht mit euren Kindern über
die Gefahren der Energie-Drinks!"
25 Nun fragen wir uns, was sind
denn die Gefahren? In der Presse
werden Schlaflosigkeit, Nervosität,
Kopfschmerzen, Kreislaufkollaps,
Krämpfe, Bluthochdruck und
30 Schädigung der Herzfunktion
genannt. Das erinnert an die
Nebenwirkungen, über die wir
auf Beipackzetteln von verschrei-
bungspflichtigen Medikamenten
35 informiert werden. Und hier steht
auch, dass wir uns bei Fragen an
unseren Arzt oder Apotheker wenden sollen. Aber an wen wenden
sich die Schüler, wenn sie Aufklä-

40 rung über die Nebenwirkungen
der Energie-Drinks haben wollen?
Die Hinweise auf den Dosen und
Flaschen sind eher unzureichend,
sie werden aber vom Gesetzgeber
45 auch nicht verlangt. Medikamente
werden zudem auch nicht überall
angeboten, sind also schwieriger
zu erhalten, Energie-Drinks nicht.
Außer bei zwei großen Drogerie-
50 ketten, die sie absichtlich nicht
im Sortiment haben, können die
Schüler entlang des Schulweges
überall fündig werden, leider ganz
ohne Warnung und Beratung, denn
55 in Deutschland ist die Gesetzes-
lage so, dass es keine gesetzliche
Altersbeschränkung beim Verkauf
dieser Muntermacher gibt, wohl
aber in Litauen und Estland!

60 Wieso greifen die Schüler immer
häufiger nach diesen Getränken?
Einerseits ist es wohl der herrliche
Gummibärchengeschmack und die
wohlig klebrige Zunge nach dem
65 Genuss dieses Getränks: Bei 70
Gramm Zucker pro halben Liter
ist es ja auch kein Wunder, dass
es klebt. Das wären umgerechnet
24 Stück Würfelzucker! Und wer
70 würde die bedenkenlos in sich
hineinstopfen in Zeiten, in denen
das Aussehen doch eine so große
Rolle spielt? Fettpölsterchen und
Zahnschmelzprobleme sind die
75 Folge. Aber es ist wohl in erster
Linie die versprochene belebende
Wirkung, die verlockt:
80 Milligramm Koffein in einer
250 Milliliter-Dose! Ein Espresso

80 beinhaltet ca. 50 bis 60 mg Koffein, ein Glas Cola (200 ml) 30 mg Koffein. Bei dem Wunsch der Jugendlichen nach einer Cola zum Frühstück und einem Espresso
85 „to go" würden wir nur den Kopf schütteln. Aber bei dem Wunsch Energie-Drinks als Pausenverpflegung zu erhalten, müssten die Eltern unter Nackenbeschwerden
90 vom heftigen Schütteln des Kopfes leiden. Die bekommen sie aber nicht, weil sie ja gar nicht erfahren, dass diese von ihren Kindern unterwegs gekauft werden. Und

95 oft bleibt es ja nicht bei einer Dose oder Flasche!

Also sollten wir den Stier an den Hörnern packen und dem Appell des Vaters von Davis Allen folgen.
100 Sprechen wir über die Gefahren der Energie-Drinks mit unseren Kindern und sagen ihnen: Denkt an eure Gesundheit! Sie ist euer Kapital! Denkt daran, Monster
105 mit Flügeln können viel zu leicht abstürzen!

1 **Erschließung des Textinhalts mit Leitfragen**

a) Was ist das Thema des Kommentars? Formuliere einen Kernsatz!

_____

_____

_____

b) Welche zwei Gründe werden angeführt, warum die Energie-Drinks so beliebt sind?

_____

_____

c) Die Autorin berichtet im zweiten Abschnitt von den Gefahren der Energie-Drinks. Welche Gefahren werden benannt?

_____

_____

_____

d) Über welche zwei Maßnahmen berichtet der Autor, die den Verkauf von Energie-Drinks an Jugendliche verhindern sollen?

_____

_____

e) Mit welchem Appell beendet der Autor seinen Kommentar?

_____

_____

2 **Untersuchung der Textsorte mit Leitfragen**

✳ a) Ein Kommentar basiert immer auf einer aktuelle Meldung. Was war Inhalt
✳ dieser aktuellen Meldung?

_____

_____

_____

b) Woran erkennt man äußerlich, dass es sich bei diesem Text um einen
Kommentar handelt? (2 Aspekte)

_____

_____

c) Der Kommentar besteht aus drei Abschnitten. Im ersten Abschnitt wird das
Thema angesprochen, im zweiten werden die Hintergründe und Zusammen-
hänge erklärt und im dritten eine Empfehlung seitens des Autors gegeben.
Schreibe die Zeilenangaben für diese drei Abschnitte heraus.

Erster Abschnitt: _____

Zweiter Abschnitt: _____

Dritter Abschnitt: _____

3 **Untersuchung der Sprache mit Leitfragen. Schreibe jeweils in dein Heft.**

✳ a) Der Kommentar beginnt mit dem Satz „Monster wurden auf dem Schulhof
✳ gesichtet, Schulkinder mit Flügeln auch." Worauf spielt der Autor hier an?
✳

b) Was ist mit dem Begriff „Muntermacher" gemeint. Welches sprachliche
Mittel wurde hier verwendet?

c) „Den Stier an den Hörnern packen". Was bedeutet diese Redewendung und
was ist in diesem Text damit gemeint?

d) Im Text in Z. 27 – 31 werden die Nebenwirkungen von Energie-Drinks aufge-
zählt. Welche Wirkung hat diese detaillierte Aufzählung?

4 **Was könnten die Absichten des Autors sein?**
✳ **Kreuze die richtigen Lösungen an.**

Der Autor will ...

☐ über ein
Ereignis
informieren.

☐ das Interesse für Energie-
Drinks wecken.

☐ den Leser zu etwas zu
animieren.

☐ an einem
Erlebnis teil-
haben lassen.

☐ den Leser zum Nachden-
ken anregen.

☐ Probleme verdeutlichen.

Reportage

Klebe wohl!

Pickerl-Business. Wie Hersteller Panini die Fußball-Sticker produziert – und dabei das Geschäft optimiert

Sackerl kaufen, aufreißen, Album aufschlagen, Nummer suchen, einkleben, durchatmen: Die Pickerl-Jagd hat wieder begonnen.

5 Seit 22. März ist in Österreich das neue, von den Sammelfreaks jeden Alters bereits heiß ersehnte Album für die Fußball-EM 2016 in Frankreich erhältlich. Die Sticker gibt's im Einzel-
10 sackerl oder Sammelpackungen bei mehr als 10.000 Verkaufsstellen.

Die Druckmaschinen beim italienischen Hersteller Panini in Modena laufen auf Hochtouren. „Wir peilen
15 eine Produktion von sieben bis acht Millionen Packerln am Tag an, zumindest noch im Monat März", sagt Produktionsleiter Giuseppe Tagliavini. Österreich habe laut Panini eine Son-
20 derstellung, in keinem anderen Land sei die „Pro-Kopf-Sammelquote" höher als in Österreich. Eine konkrete Zahl, wie viele Abziehbildchen denn in den nächsten Wochen verkauft
25 werden, gibt es nicht. „Österreich ist aber einer der wichtigsten europäischen Märkte für uns", heißt es auf Nachfrage, „wir haben heuer eine eigene Sonderedition für das Land
30 gedruckt." 20 heimische Kicker, angeführt von Bayern-Star David Alaba, schafften den Sprung ins offizielle EM-Album.

Immer mehr Felder

35 Von Großereignis zu Großereignis wird das Pickerl-Business noch mehr ausgereizt. Mehr Felder, mehr Umsatz: Waren es vor einigen Jahren noch zwischen 300 und 400 Sticker,
40 die ins EM-Album geklebt werden mussten, so sind es heuer schon 680. Der Preis für ein 5er-Sackerl beträgt stolze 70 Cent. Zum Vergleich: Bei der EURO 2008 waren es erst 60 Cent.

45 Wenn jemand ohne zu tauschen das EM-Album füllen will, müsse er, laut „Panini-Weltformel" des deutschen Informatikers Andreas Binzenhöfer, im Schnitt ca. 440 Euro dafür aus-
50 geben. Die Formel stammt allerding aus dem WM-Jahr 2006, als das Album „nur" 596 Felder hatte und die Pickerl weniger kosteten. Auf heutige Verhältnisse umgelegt wären dies
55 schon 840 (!) Euro. Wer genau 680 Pickerln kauft und erfolgreich tauscht, kann den Preis auf 95 Euro pro Album drücken. Panini ist es freilich lieber, wenn die fehlenden Bilder im Album
60 brav nachbestellt werden – ein wichtiger Mehrumsatz.

Eine ganz bewusste Verknappung mancher Pickerl zwecks Umsatzoptimierung wird heftig dementiert.
65 Die Italiener versichern, dass von jedem Spieler exakt gleich viele Teile gedruckt werden. Eine eigene Mischund „Einsack"-Maschine sorgt dafür, dass kein Pickerl doppelt in einem
70 Sackerl steckt. „Fifimatic", so heißt die Erfindung von Umberto Panini aus dem Jahre 1964, ist nach wie vor das Herzstück der Fabrik. 25 dieser Maschinen stehen heute noch im
75 Werk in Modena. Rund 70 Mitarbeiter arbeiten dort im Dreischichtbetrieb, sechs Tage die Woche. Insgesamt

beschäftigt die Panini-Gruppe mehr als 1.000 Mitarbeiter in zwölf Toch-
80 terunternehmen. Mit einem Umsatz von 751 Mio. Euro (2014) ist das Unternehmen weltgrößter Verleger von Sammelprodukten.

150 Milliarden Sticker
85 Das erste Sticker-Album erschien übrigens 1961 mit Bildern des italienischen Fußballteams, 1974 gab's die erste WM-Edition mit deutschen Texten. In den vergangenen 20
90 Jahren wurden insgesamt 150 Milliarden Sticker produziert und in 100 Länder der Welt verkauft.

Alternativen zum offiziellen Panini-Album gibt es inzwischen einige.
95 Eines mit sozialem Anspruch ist das Schweizer „tschutti heftli". Alle Abbildungen der Kicker werden hier von Grafikern und Künstlern individuell gestaltet. Der Erlös kommt
100 sozialen Projekten zugute. Die bfi-Wien-Tochter JobTransFair bringt das tschutti heftli heuer erstmals auch in den österreichischen Handel.

Anita Staudacher, Kurier (Österreich), Dienstag, 29.03.2016

1 Verfasse eine Einleitung für die Untersuchung des Textes.

*
_____

_____

_____

_____

_____

/6

2 Verfasse für die ersten drei Sinnabschnitte (von sechs Sinnabschnitten)
* eine Inhaltszusammenfassung mit Struktursätzen. Denke auch an den Einleitungssatz.

Die Einteilung der Sinnabschnitt sind:
1. Abschnitt (Z. 1 – 4)
2. Abschnitt (Z. 5 – 11)
3. Abschnitt (Z. 12 – 33)

Der Text lässt sich _____

Im ersten Sinnabschnitt (Z. 1 – 4) _____

_____

Anschließend wird der Leser im zweiten Sinnabschnitt (Z. 5 – 11) _____

_____

_____

_____ erfährt der Leser im dritten Sinnabschnitt (Z. 12 – 33)

3 **Verfasse drei Argumente, die die Textsorte bestimmen.**

✳ Formuliere auch den Einleitungssatz/die Einleitungssätze und den Schlusssatz.

✳ *Einleitungssatz:* _____

_____

1. Merkmal: unsachliche Schlagzeile

_____

_____

_____

_____

2. Merkmal: Meinung der Autorin ist nur indirekt ersichtlich – verwende Zitate aus den Zeilen 52 und 96.

_____

_____

_____

_____

3. Merkmal: Wechsel zwischen einer Passage mit dem aktuellen Geschehen (1. Sinnabschnitt) und einer Passage mit Hintergrundinformationen (2. Sinnabschnitt)

_____

_____

_____

_____

Schlusssatz: _____

_____

können

4 **Verfasse einen Teil der Sprachanalyse. Denke an den Viererschritt:**
Behauptung, Textzusammenhang, Zitate, Wirkung.

a) 1. Argument: Fachbegriffe aus dem Bereich der Wirtschaft und des Marketings
Betrachtet man nun die Sprache der Reportage, so fällt hinsichtlich der
Wortwahl auf, _____

_____

_____

_____

_____

b) 2. Argument: Zahlen
Auch _____

_____

_____

_____

_____

c) 3. Argument: überwiegend Hauptsätze bzw. einfache Satzgefüge
Hinsichtlich des Satzbaus fällt auf, dass _____

_____

_____

_____

_____

/12

5 **Formuliere die folgenden Intentionen der Autorin aus.**
(unterhalten, informieren, zum Nachdenken anregen, Appell)

_____

_____

_____

_____

_____

_____

_____

/4

 6 **Du hast gelernt, dass du für den Inhalt des Schlusses drei Möglichkeiten hast:**

* du kannst deine **wichtigsten Ergebnisse** kurz zusammenfassen und/oder
* eine **persönliche Stellungnahme** zum Text oder Thema verfassen und/oder
* einen **Wunsch** für die Zukunft äußern.

Welche Möglichkeit(en) sind hier aufgegriffen worden?

Dass die Firma Panini mit dem Verkauf der Sammelbilder erfolgreich ist, sieht man nicht nur auf unserem Schulhof. Hier tauschen die Schüler während der Pausen die Sticker, bzw. sie haben auch ein bestimmtes „Tauschsystem" entwickelt, das ihnen offensichtlich viel Spaß macht. Und wenn diese Bilder dann einmal von dem Lehrer abgenommen werden, fließen z. T. auch schon einmal Tränen über den zeitweiligen Verlust. Das Sammelfieber ist also groß. Aber sind diese Bilder ihren Preis wirklich wert? Und was passiert mit dem Heft nach der EM? Wird man es jemals wieder anschauen? Das bezweifle ich und wünsche mir deshalb, dass viele Menschen den Vorschlag der Autorin aufgreifen und sich nach Alternativen umschauen. Das tschutti heftli kannte ich nicht, aber mich überzeugt, dass der Erlös teilweise einem sozialen Projekt zugeführt wird.

Unbewertete Zusatzaufgabe:

Nimm in einem Leserbrief zu diesem Artikel Stellung. Bei diesem Brief kannst du Absender, Empfänger und Datum weglassen.

Gesamt:

/ **39**

5 Sachtexte verfassen

In diesem Kapitel wiederholst du, wie du selbst einen **Sachtext verfasst**.
Du erfährst,
- wie du deinen Bericht planst,
- wie du den Bericht sprachlich ausformulieren solltest,
- wie du Material auswertest,
- wie du eine Reportage in einen Bericht umwandelst.

Einen Zeitungsbericht planen und schreiben

Die Textsortenmerkmale bewusst machen

Zunächst solltest du dich über die Textsorte informieren. Die Merkmale des Zeitungsberichts kannst du im Anhang nachlesen.

Die Durchsicht der Materialien

Als zweites erhältst du einige Materialien, die du dir genau anschauen solltest. Nicht alle Informationen in den Materialien eignen sich für einen Zeitungsbericht, und nicht alle Informationen sind auch interessant für den Leser. Deshalb solltest du nur die wichtigen Fakten auswählen und diese markieren.

Den Schreibplan erstellen

In einem dritten Schritt solltest du dir einen Schreibplan anlegen. Der Schreibplan könnte folgendermaßen aussehen:

Teile	Informationen	wörtliche Reden/Zitate
Erster Teil Was? Wann? Wer? Wo?		
Zweiter Teil Zusätzliche Angaben zum ersten Teil, Wie? Warum? Welche Folgen? Welche Reaktionen?		

Nun solltest du ihn stichwortartig mit Informationen aus deinen Materialien vervollständigen und die Informationen den verschiedenen W-Fragen zuordnen. Die Reihenfolge der W-Fragen solltest du nicht ändern, denn diese ist für den Bericht typisch. Entscheide weiterhin, ob und an welcher Stelle du Zitate wiedergeben möchtest, und trage diese wortwörtlich in deinen Schreibplan ein.

Das Verfassen eines Zeitungsberichts

Überlege dir für deinen Bericht eine informative und auch interessante **Schlagzeile** (= Hauptüberschrift) und verfasse gegebenenfalls eine **Unterüberschrift**, die noch genauer über den Textinhalt informiert.

Die wichtigsten Informationen zu den vier W-Fragen (Was? Wann? Wer? Wo?) fasst du dann im **ersten Teil** in einem ausformulierten Text **knapp** zusammen. Hier solltest du möglichst keine wörtlichen oder indirekten Reden einflechten.

> **Tipp**
> Manchmal ist es sinnvoll die Schlagzeile erst zu verfassen, wenn dein Text fertig ist. Dann hast du einen besseren Überblick über den Inhalt deines Textes.

Erst im **zweiten Teil** darfst du **ausführlicher** werden. Hier kannst du die Antworten auf die ersten W-Fragen mehr im Detail darstellen und auch Zitate in der indirekten Rede wiedergeben. In einem nächsten Schritt beantwortest du dann die weiteren Fragen in der folgenden Reihenfolge, wiederum in einem fortlaufenden Text:
- Wie und warum kam es zu dem Ereignis?
- Was waren die Folgen?
- Welche Reaktionen hat das Ereignis hervorgerufen?

Sinnvoll ist es, nach der Beantwortung der einzelnen Fragen einen **Absatz** zu machen. Das ist leserfreundlicher.

Die Sprache des Zeitungsberichts
Du verfasst den Zeitungsbericht im **Präteritum**, wenn du etwas Vorzeitiges ausdrücken willst, musst du das **Plusquamperfekt** verwenden. Das Präsens kannst du nur verwenden, wenn du etwas Allgemeingültiges ausdrücken willst.
Viele Schulen führen Spendenläufe durch.

Die wörtlichen Reden aus deinen Materialien gibst du entweder in der **wörtlichen Rede** mit Redebegleitsatz und Anführungszeichen oder in der **indirekten Rede**, also im Konjunktiv, mit Redebegleitsatz wieder. (Siehe Kapitel 2)
Der Schüler erklärte: „Wir haben uns beim Spendenlauf sehr angestrengt."
Der Schüler erklärte, dass sie sich beim Spendenlauf sehr angestrengt hätten.

Die Sprache des Berichts ist **sachlich**, d. h. du darfst keine persönlichen Wertungen mit hineinbringen.

Schreibe deinen Bericht so, dass deine **Zielgruppe** ihn auch versteht. Richtet sich der Text z. B. an Schüler oder Laien, so solltest du alle Namen oder **Begriffe**, die diesen Lesern unbekannt sein könnten, in deinem Text **erklären**.

Eine Reportage in einen Bericht umschreiben

Bei dieser Aufgabe erhältst du eine Reportage, die du kürzen und zu einem sachlicheren Bericht umarbeiten sollst.

Die Textsortenmerkmale bewusst machen

Überlege dir in einem ersten Schritt, welche Informationen du für einen Bericht im Allgemeinen brauchst. Die Textsortenübersicht im Anhang kann dir dabei helfen.

Die Reportage nach brauchbaren Informationen untersuchen

Lies dir dann die Reportage ein erstes Mal zügig durch und überlege dir, was die **Kernaussage** dieses Zeitungstextes ist. Notiere sie dir auf einem Blatt. Somit hast du nun schon eine grobe Übersicht, worum es in deinem vorliegenden Text geht.

Bei einem zweiten Lesen kannst du dir nun die Textstellen markieren, die für deinen Bericht wichtig sind. Überfliege hinterher deine **Markierungen** und überlege dir, ob du ausreichend Informationen markiert hast oder aber ob du zu viel angestrichen hast und Informationen dabei sind, die nicht unbedingt notwendig oder auch nicht sachlich genug sind.

Den Schreibplan erstellen

Erstelle dir nun einen Schreibplan (siehe S. 67) und notiere dir in diesem Schreibplan, welche Informationen aus der Reportage du wo im Bericht erwähnen willst. Denke an die festgelegte Reihenfolge der Informationswiedergabe im Bericht! Auch wörtliche Reden kannst du dir herausschreiben und den jeweiligen Fragen zuordnen, denn diese machen deinen Bericht lebendiger.

Das Verfassen des Berichts

Wie du einen Bericht verfasst, steht auf Seite 68. Du kannst aber zudem diese kurze Checkliste zum Verfassen deines Berichts verwenden.

Checkliste

Schlagzeile/Unterüberschrift

☐ macht neugierig ☐ informiert über das Thema

1. Teil

☐ W-Fragen beantwortet (Wann? Was? Wer? Wo?)

2. Teil

☐ weitere Informationen in einzelnen Absätzen

☐ (Wie? Warum? Welche Folgen? Reaktionen?)

Sprache

☐ verständlich

☐ passend für den Adressaten, Fachbegriffe erklärt

☐ indirekte Rede im Konjunktiv und Redebegleitsatz

☐ wörtliche Rede mit Anführungszeichen und Redebegleitsatz

☐ sachlich, keine persönlichen Kommentare

☐ Präteritum bzw. Plusquamperfekt (Präsens nur in Ausnahmefällen)

Test 1: Der Aufbau des Berichts

Drei Tote bei Zugunglück in Mailand

Pendlerzug zwischen Cremona und Mailand entgleist

Mailand Bei einem Zugunglück in der Nähe von Mailand sind gestern mindestens drei Passagiere ums Leben gekommen und etwa hundert
5 weitere Menschen verletzt worden.

Der Pendlerzug entgleiste nach Behördenangaben am Donnerstagmorgen in der Nähe der norditalienischen Wirtschaftsmetropole
10 aus noch ungeklärter Ursache. Rettungskräfte waren stundenlang damit beschäftigt, in den Waggons eingeschlossene Passagiere zu bergen. Am Vormittag schlossen die
15 Einsatzkräfte ihre Suche nach eingeschlossenen Passagieren ab, von denen einige stundenlang auf ihre Rettung hatten warten müssen.

Nach Angabe der Rettungskräfte
20 kamen drei Frauen ums Leben. Außerdem gab es etwa ein Dutzend Schwerverletzte und mehr als 90 Leichtverletzte. Von den Schwerverletzten schwebten nach Angaben der
25 Polizei fünf in Lebensgefahr. Mailands Polizeichef Marcello Cardona sagte vor Journalisten, der Zug sei voller Menschen gewesen. Es sei fast ein Wunder, dass es nicht noch mehr
30 Opfer gegeben habe. In dem Regionalzug waren vornehmlich Pendler und Studenten aus Cremona nach Mailand unterwegs. (AFP)

1 Untersuche den Bericht „Drei Tote bei Zugunglück in Mailand".

a) Auf welche Fragen sollte der erste Abschnitt Antworten geben?

_____

b) Welche konkreten Antworten werden in dem Bericht gegeben?

_____

_____

_____

_____

2 Im zweiten Teil des Berichts soll das „Wie" und das „Warum" beschrieben werden.

a) Warum geschieht das hier nicht?

_____

b) Was wird stattdessen im zweiten Teil beschrieben?

_____

3 Welche drei Folgen des Unfalls erfährst du aus dem Bericht?

※
※
_____

_____

_____

4 In den Bericht wurde die Aussage eines Experten aufgenommen.

※ a) Unterstreiche sie im Bericht.

※ b) In welcher Form wurde die Aussage wiedergegeben? Kreuze an.

☐ wörtliche Rede   ☐ indirekte Rede

5 Lies dir die Zeugenaussagen durch und verfasse den fehlenden Teil des
※ Berichts, in dem das Wie und das Warum erklärt wird. Verwende nur die
※ wesentlichen Informationen, beschreibe den Unfall in der richtigen Rei-
※ henfolge und achte auf eine sachliche Sprache. Schreibe in dein Heft.

„Als ich in Cremona um zwanzig vor sieben in den Zug gestiegen bin, habe ich fast keinen Platz mehr bekommen, weil schon so viele Pendler und Studenten in dem Wagon saßen. Alle wollten nach Mailand." (Adriana S., Schülerin)

„Der Zug war am Donnerstagmorgen gegen 7 Uhr mit einem Tempo von rund 100 Kilometern pro Stunde unterwegs."
(Paolo D., Schaffner)

„Auf einmal gab es einen heftigen Ruck und all die Menschen, die auf den Gängen standen und keinen Sitzplatz gefunden hatten, purzelten durcheinander. Wir waren ganz schön erschrocken." (Giovanna R. Pendlerin)

„Auf der Strecke Cremona – Mailand befahren die Regionalzüge ca. 15 Minuten nach Abfahrt in Cremona einen Abschnitt des Schienennetzes, der noch aus den 60er-Jahren des letzten Jahrhunderts stammt und der demnächst repariert werden soll."
(Leiter der Baubehörde)

„Als wir an die Unfallstelle kamen, sahen wir, dass der Triebwagen und die vorderen drei Wagons entgleist, die Böschung hinabgerutscht und in der Wiese gelandet waren. Es sah bös aus. Etwas später bemerkten hinzugerufene Experten auch den Schienenbruch." (Antonio B., Rettungskraft)

Unterstufenball

Material 1 (4)
AG Schuldisco

Die Musikanlage wurde heute Morgen angeliefert.

Wir treffen uns morgen, am Donnerstag, den 3.2. um 14.00 Uhr, um die Anlage in der Turnhalle aufzubauen. Bitte seid pünktlich und bringt genug Zeit mit!

Material 2 (5)
Wanted
Helfer für Unterstufenball gesucht

Am kommenden Freitag findet der Unterstufenball der 5. bis 8. Klassen statt. Dafür brauchen wir noch Helfer aus den 9. und 10. Klassen, die ab 22.00 Uhr mit dem Abbau helfen.

Meldet euch beim

Schülersprecher Daniel Lutz (9d)

Material 3 (9)
Protokoll der SMV-Sitzung der Realschule Am Hagen vom 22.01.

TOP 1: Organisation des Unterstufenballs

Alle Klassensprecher der Klassen 7 bis 10 sind an diesem Abend anwesend und helfen bei der Organisation des Abends.

Wir brauchen Freiwillige beim Einlass, Garderobenpersonal in der alten Schülerbibliothek und Hilfen bei der Flirtwand.

TOP 2: Verkauf der Eintrittskarten

Die Schülersprecher verkaufen in den großen Pausen die Eintrittskarten für 4 Euro.

TOP 3: Die Schüler der fünften Klassen üben im Sportunterricht Tänze zu modernen Hits ein, die sie dann um 20.00 Uhr in der Turnhalle vorführen.

Material 4 (4)
Antwort des Elternbeiratsvorsitzenden:

... Sehr gerne übernehmen wir auch dieses Jahr den Verkauf von Getränken und kleinen Snacks in der Mensa.

Ein kleines Team von Eltern wird am Abend die Getränke und die Snacks vorbereiten und dann auch in der Mensa verkaufen.

Als Highlight haben wir uns gedacht, drei alkoholfreie Cocktails zu mixen. ...

Material 5 (2)
Aushang im Lehrerzimmer

Liebe Kollegen,

bitte tragt euch zahlreich für die Aufsichten beim Unterstufenball ein!

Herzlichen Dank

Verbindungslehrer

Material 6 (4)
Konzept für einen Elternbrief

- jeder Schüler darf zwei Gäste mitbringen.
- die Schüler der Klassen 5 und 6 müssen von den Eltern abgeholt werden.
- Schüler der Klassen 5 und 6 dürfen von 17.00 Uhr bis 21.00 Uhr bleiben, Schüler der Klassen 7 und 8 bis 22.00 Uhr.

Material 7 (4)
Anleitung für die Helfer

Wie funktioniert die Flirtwand in der Mensa?

- Die Schüler erhalten beim Einlass eine Nummer auf ihrem Handrücken.
- An der Flirtwand können sie dann Zettel und Stift erhalten und eine Nachricht an eine andere Nummer ihrer Wahl schreiben.
- Die Nachricht wird an die Pinnwand gehängt, sodass die Empfängernummer gut sichtbar ist und der jeweilige Empfänger darf dann die Nachricht abholen.
- Achtung: Beleidigende Nachrichten müsst ihr sofort entfernen!

✓

1 Lies die Materialien durch und markiere die Informationen, die du
✳ für wichtig hältst. Die Zahl in den Materialien zeigt dir an, wie viele
Informationen du jeweils unterstreichen solltest.

/7

2 Erstelle einen Schreibplan in deinem Heft nach folgendem Muster. Du
✳ brauchst zwischen den einzelnen Punkten etwas Platz. Übertrage die
✳ Informationen aus den Materialien 1 bis 7. Anhand der Zahlen in den
Klammern im Schreibplan erkennst du, wie viele Informationen du
brauchst.

/26

Teile	Informationen
Erster Teil • **Wann? Wo? Was?**	Freitagabend (4.2.2018), Realschule „Am Hagen" Unterstufenball der 5. bis 8. Klassen mit Tanz- aufführungen der fünften Klassen
Zweiter Teil **Ablauf:** • **Eintreffen der Schüler (3)** • **Speisen und Getränke (4)** • **Musik (4)** • **Lehrer (1)** • **Flirtwand (4)** • **Tanzvorführungen (5)** • **Ende um 21 Uhr (2)** • **Ende um 22 Uhr (1)** • **Abbau (2)** **Schluss** **Gründe für den Erfolg**	 Schüler durften zwei Gäste mitbringen Eintrittskarten kosten 4 Euro – günstig

3 Verfasse einen Zeitungsbericht.
✳ a) Finde eine passende Schlagzeile und eine Unterüberschrift.
✳ b) Formuliere einen Bericht mit den gegebenen und den von dir eingetragenen
Angaben aus dem Schreibplan.
c) Verwende die folgenden Äußerungen zum Unterstufenball in deinem Bericht.

/2

/11

/4

> **Äußerungen am Abend des Unterstufenballs**
>
> „Die Musik ist so super, alle tanzen und die Tanzvorführungen der fünften
> Klassen bringen eine tolle Stimmung! (Maja, 6c)
>
> „Der giftgrüne Cocktail mit der Ananas schmeckt himmlisch!" (Eren, 7c)
>
> „Wir haben so viele Eintrittskarten verkauft wie noch nie zuvor. Ein toller
> Erfolg." (Verbindungslehrerin Frau Lenk)
>
> „Ich habe eine so tolle Zeichnung von mir an der Pinnwand erhalten. Jetzt
> muss ich unbedingt herausfinden, wer das gemacht hat. (Elza, 7a)

Gesamt:

/ **50**

Reportage in einen Bericht umschreiben

Schreibe einen Bericht über einen Unfall beim Canyoning in Südfrankreich. Die Informationen hierfür erhältst du aus der Reportage.

Nervenkitzel im tosenden Wasser

Das Klettern durch Bergbäche wird immer beliebter. Ein tödliches Unglück in Frankreich zeigt, wie riskant die Sportart sein kann.

Von Jörg Heinzle

1 **Draguignan/Augsburg** Felsen, klares Wasser und erfrischende Pools: Eine Tour durch die Schlucht des Baou in Südfrankreich gilt
5 unter Kennern als reizvoll, aber nicht besonders schwierig. Für drei Deutsche jedoch, die am Mittwoch die Schlucht durchklettern wollten, endete der Ausflug tragisch. Sie
10 wurden von einer bis zu drei Meter hohen Flutwelle erfasst und starben.

„Er war nicht dafür bekannt, besondere Risiken einzugehen."

Stefan Hofmann, Chef des Bundesverbandes
15 der Canyoning-Führer, über den verunglückten Führer

Am Nachmittag hatte sich die zwölfköpfige deutsche Reisegruppe mit jungen Leuten aus der Region Dort-
20 mund auf den Weg in die Schlucht gemacht. Sie war eigens angereist, um Canyoning zu betreiben – eine Trendsportart, bei der es darum geht, durch tosende Bergbäche zu klettern.
25 Man schwimmt dabei, springt in tiefe Wasserbecken und seilt sich ab. Ein Neoprenanzug schützt vor dem oft eiskalten Wasser. Der Name des Reiseveranstalters, bei dem die
30 Deutschen gebucht hatten, erscheint im Nachhinein wie ein böses Omen. Er lautet "Never come back Jour-

neys" – auf Deutsch: Reisen ohne Rückkehr.
35 Canyoning wird auch in den deutschen Alpen immer beliebter – allerdings ist es noch deutlich weniger populär als in Frankreich oder Spanien, wo der Sport seit fast drei
40 Jahrzehnten betrieben wird. Rund 70 Routen gibt es in den Allgäuer, Lechtaler und Ammergauer Alpen, sagt Wolfgang Mayr, Fachmann für Canyoning beim Deutschen Alpen-
45 verein. „Aber nur ungefähr zehn Routen werden regelmäßig begangen." Ein Problem für die Sportler ist, dass die Wildbach-Kraxelei in Deutschland nur in dafür ausgewie-
50 senen Gewässern erlaubt ist. Davon gibt es nur wenige. Wer andernorts Canyoning betreibt, bewegt sich in einer rechtlichen Grauzone. Jenseits der Grenze, in Österreich, sieht die
55 Situation anders aus. Dort ist das Schluchtenklettern gestattet und nur in einzelnen Bergbächen wegen des Naturschutzes verboten.
Wenn man die Sicherheitsregeln
60 genau beachte, sei Canyoning nicht gefährlicher als viele andere Sportarten, die man in den Bergen ausübt, sagt Wolfgang Mayr. Anspruchsvoll ist Canyoning vor allem deshalb, weil
65 zwei Bereiche zusammentreffen. Gefordert sind Kenntnisse im Umgang mit Seil und Kletterausrüstung, aber ebenso das richtige

70 Verhalten im Wasser. Dennoch meint Wolfgang Mayr: „Mit der richtigen Ausrüstung können auch Unerfahrene oder Untrainierte in einer geführten Gruppe Canyoning betreiben." Weil man in den engen, steilen Schluchten

75 auf Hilfe und Unterstützung angewiesen ist, eigne sich Canyoning besonders gut für Teamtrainings. „Und mit Kindern ist es einfach spaßig." Problematisch seien unseriöse Anbie-

80 ter, die ihre Kunden „busweise" zu den Schluchten fahren und sie dann „in Massen" durchschleusten. „Da wundert man sich manchmal, dass nicht mehr passiert."

85 Die Schlucht des Baou, in der sich das Unglück ereignete, liegt in Südfrankreich, 50 Kilometer nordwestlich von Cannes. Der Baou zeigt sich meist eher als Rinnsal denn als

90 Bach. Er mündet in den Fluss Verdon, der sich bis zu 700 Meter tief in die Landschaft gegraben hat. Für die deutschen Urlauber ist die Schlucht zur tödlichen Falle geworden. „Binnen

95 Sekunden", so die Polizei, habe sich der Bach durch ein Unwetter in einen reißenden Strom verwandelt. Bis zu drei Meter hoch schoss die Flutwelle durch die Klamm. Die Gruppe wurde

100 von ihr mitgerissen. Erst am Abend gelang es einem Verunglückten, sich aus dem Wasser zu befreien und per Handy Hilfe zu rufen. Für zwei junge Frauen und den Führer der Gruppe

105 kam die Hilfe jedoch zu spät. Unglücke durch Flutwellen gebe es immer wieder, sagt Wolfgang Mayr. Seiner Einschätzung nach in den vergangen Jahren sogar gehäuft.

110 Gestern, am Tag nach dem Unglück, wurden vor allem Fragen nach der Ursache laut. Der Unterpräfekt von Castellane, Serge Bideau, sagte, die Urlauber hätten sich offenbar nicht

115 ausreichend informiert, bevor sie auf-

gebrochen seien. Das Flussbett sei seit Tagen überschwemmt gewesen, sagte ein örtlicher Führer. Der tödlich verunglückte Führer der Gruppe war

120 Mitglied im internationalen Berufsverband professioneller Canyoning-Führer CIC. Verbands-Chef Stefan Hofmann kündigte an, man werde den Fall intensiv untersuchen. Hof-

125 mann kannten den Canyoning-Führer: „Er war nicht dafür bekannt, besondere Risiken einzugehen.

Canyoning-Unglücke

❖ **Juli 1999** Bei einem Canyoning-

130 Unglück im Berner Oberland sterben 21 Menschen. Die Gruppe ist in der Saxetenschlucht unterwegs und wird von einem heftigen Gewitter überrascht und mitgerissen. Der Bach ist

135 dafür bekannt, dass er nach Gewittern schnell anschwillt. Die Toten sind neben den Canyoning-Führern Touristen aus Südafrika, Großbritannien, Neuseeland, den USA und Australien.

140 ❖ **Juli 2005** Die U-21-Mannschaft des FC Basel unternimmt einen Canyoning-Ausflug in das Zwischenbergtal im schweizerischen Wallis. Bei der Durchquerung der Schlucht,

145 wird einer der Beteiligten so schwer verletzt, dass er von Rettern geborgen werden muss.

❖ **Mai 2007** Im österreichischen Nationalpark Gesäuse in der Stei-

150 ermark stirbt ein 29 Jahre alter Wiener bei einer Canyoning-Tour. Eine Felsplatte hatte sich gelöst und den Mann begraben. Der Kopf des Mannes wurde vom Fels unter Wasser

155 gedrückt. (jöh)

Quelle:
Augsburger Allgemeine, Freitag,
13. Juni 2008, Die Dritte Seite

können

1 Lies dir die Reportage durch. Die wichtigen Informationen sind schon unterstrichen. Übernehme diese Informationen in den Schreibplan. Übertrage dir dazu diese Tabelle ins Heft und lass dir genug Platz für deine Notizen. Gesamt bringt diese Aufgabe 27 Punkte, wie diese Punkte aufgeteilt sind, siehst du bei den Teilaufgaben jeweils in Klammern.

Teile	Informationen
Erster Teil Was? Wann? Wer? Wo?	(4 Punkte)
Zweiter Teil Genauere Beschreibung der Ausgangssituation Wer?	Anzahl/Altersstufe der Personen: Woher: Name des Veranstalters: (4 Punkte)
Was?	Sportart: Erklärung (4 Aktivitäten): (5 Punkte)
Wann?	Tageszeit: (1 Punkt)
Wo?	Kilometerangabe: Welcher Teil des Baou: Mündung: (3 Punkte)
Wie? Warum? Welche Folgen?	Normalzustand des Baou: Wetter: zwei Veränderungen des Baou: Folge für die Gruppe: Hilferuf: Opfer: (7 Punkte)
Welche Reaktionen?	Fragen nach der Ursache 3 Zitate: (3 Punkte)

2 Verfasse nun einen sachlichen Bericht über den Unfall in der Schlucht des Baou. Schreibe in dein Heft.

a) Formuliere eine Schlagzeile und eine Unterüberschrift.

b) Formuliere den ersten Teil und beantworte die vier W-Fragen.

c) Formuliere eine genauere Beschreibung der Ausgangssituation.

d) Formuliere eine genaue Beschreibung des Unfallhergangs.

e) Integriere drei Zitate aus der Stoffsammlung in den Bericht.

/27

/2

/4

/4

/8

/3

Gesamt:

/ **48**

6 Argumentieren

In diesem Kapitel wiederholst du zunächst, wie du eine **Argumentation** aufbaust. Du erfährst,
- wie ein einfaches Argument aufgebaut ist,
- wie du einen Kausalsatz bildest, den du für die Begründung brauchst,
- wie du eine Stoffsammlung anlegst,
- wie du stilistische Fehler vermeidest.

Mündliches Argumentieren

Wandertagsvorschläge:

- Bowling im Sportcenter
- Besuch des Hochseilgartens
- Moorwanderung
- Stadtführung: „Von Hexen und Henkern"

Der Wandertag steht vor der Tür und der Lehrer hat ein paar Vorschläge für mögliche Unternehmungen an die Tafel geschrieben. Nun **diskutiert** die Klasse über diese Vorschläge, sie **tauschen ihre Meinungen** zu den verschiedenen Aktivitäten aus und wollen sich dann auf ein Ausflugsziel **einigen**, das für die meisten Schüler akzeptabel ist.

Natürlich will jeder die anderen von seinem Lieblingsziel **überzeugen** und um erfolgreich zu sein, muss jeder Schüler **gute Gründe** für seinen Favoriten hervorbringen, damit die anderen überzeugt sind.

Diesen Vorgang nennt man einen **Meinungsaustausch**, eine **Diskussion** oder auch eine **Aussprache**. Er geschieht **mündlich**.

Schriftliches Argumentieren

Auch beim schriftlichen Argumentieren ist es das **Ziel**, den Leser von deiner eigenen Meinung zu **überzeugen**. Jedoch musst du zusätzlich zunächst das **Thema** oder eine **Frage vorstellen**, zu dem oder zu der du Stellung nimmst. Auch hier solltest du nun **schriftlich gute Gründe** finden, die deinen Leser überzeugen. Dabei musst du sehr strukturiert arbeiten. Bei einer mündlichen Diskussion kann der Zuhörer nachfragen, wenn er etwas nicht verstanden hat. Aber bei einer schriftlichen Argumentation **kann der Leser nicht nachfragen**, deshalb ist der **Aufbau deines Textes wichtig**.

Schon als kleines Kind hast du gelernt: Wenn du einen Wunsch hast, dann solltest du ihn begründen und nicht nur „darum" sagen.

Folgendermaßen könntest du sagen, dass du mehr Taschengeld brauchst: *„Ich brauche mehr Taschengeld!"*

Nur diese eine **Behauptung** reicht den meisten Eltern allerdings nicht aus, um sie davon zu überzeugen, dass die monatliche Zuwendung erhöht werden soll. Du solltest dir eine **gute Begründung** dafür einfallen lassen, dass du mehr Taschengeld brauchst, beispielsweise: *„Ich brauchte mehr Taschengeld, weil ich nach der Schule mit meinen Klassenkameraden etwas unternehmen möchte.“*

Nun werden vielleicht einige Eltern zufrieden sein und das Taschengeld erhöhen. Aber es gibt bestimmt ebenso Eltern, die nachfragen, was genau denn diese Unternehmung sein soll und wofür genau das Kind das zusätzliche Geld braucht. Also wäre eine Argumentation mit **einer Behauptung, einer Begründung** und einem **ganz konkreten Beispiel** noch überzeugender: *„Ich brauchte mehr Taschengeld, weil ich nach der Schule mit meinen Klassenkameraden etwas unternehmen möchte. Diese Woche wollen wir beispielsweise bei gutem Wetter zum Minigolfen und ich möchte mitspielen und nicht nur zugucken. Dafür brauche ich aber Geld, um die Platzmiete zu bezahlen.“*

Ein Argument besteht also aus **drei Teilen** – der **Behauptung**, der **Begründung** und dem **Beispiel**. Das Wort Argument kommt ursprünglich von dem lateinischen „arguere“, was „erhellen“, „beweisen“ oder „veranschaulichen“ bedeutet. Und ganz genau das sollst du in einer schriftlichen Argumentation machen: Du sollst deine **Meinung veranschaulichen**, du sollst **beweisen**, dass deine Einstellung die richtige ist oder du sollst deinen Leser „erhellen“, indem du ihm **die Zusammenhänge eines Sachverhalts erklärst** und er dann auch deiner Meinung ist.

Es ist immer besser, in einer schriftlichen Argumentation mehrere Argumente aufzuzählen. Je mehr gute Argumente du hast, desto leichter bringst du deinen Leser auf deine Seite.

Die einfache Argumentationskette
Die Klasse entscheidet sich für den Besuch des Hochseilgartens. Und da nun Eintrittsgelder von den Eltern erwartet werden, soll die Klasse gute Argumente für den Besuch des Hochseilgartens ausformulieren, die dann in den Elternbrief aufgenommen werden sollen. Schließlich müssen die Eltern überzeugt werden, die Eintrittsgelder zu zahlen.

Regeln für die Ausformulierung einer einfachen Argumentationskette
Zunächst sollte die Ausformulierung deiner **Behauptung kurz und knapp** sein. Also rede nicht lange um den heißen Brei herum, formuliere deine Behauptung klar und gut verständlich: *Der Besuch im Hochseilgarten verbessert unsere Klassengemeinschaft!*

Manchmal können solche Behauptungen fast wie Werbeslogans klingen, denn auch diese sind dazu da, den Käufer von einem Produkt zu überzeugen: *„Bayerische Milch unterstützt die hiesigen Bauern!“*
Aber auch hier möchte der Käufer darüber informiert werden, wie die Bauern unterstützt werden.

Deshalb sollte nun die **Begründung** folgen und die leitet man am einfachsten mit einem **Kausalsatz** ein.

Exkurs: Kausalsatz

Im Deutschen kann man Sätze u. a. mit **Konjunktionen** verbinden. Dadurch stellt man **einen bestimmten inhaltlichen Zusammenhang** zwischen ihnen her. Diese Zusammenhänge können u. a. der Grund, die Folge oder eine Bedingung sein.

Für die **Angabe des Grundes** kann man die Konjunktionen *weil* und *da* (im Nebensatz) und *denn* (im Hauptsatz) verwenden: Diese Sätze nennt man Kausalsätze.

Der Wandertag war klasse. Wir haben viel erlebt.
Kausalsätze:
Der Wandertag war klasse, … weil wir viel erlebt haben.
… da wir viel erlebt haben.
… denn wir haben viel erlebt.

Für die **Angabe der Folge** kann man die Konjunktionen **dass** und **sodass** (Nebensatz) verwenden: Diese Sätze nennt man Konsekutivsätze.
Aber: Die beiden Sätze *„Der Wandertag war klasse. Wir haben viel erlebt.“* können nicht mit *dass* oder *sodass* verbunden werden, weil sie dann keinen Sinn ergeben.
Der Wandertag war klasse, sodass wir viel erlebt haben. **FEHLER!!!**
Hier soll ja auch nicht der Grund, sondern eine Folge ausgedrückt werden, also brauchen wir einen inhaltlich anderen Nebensatz.
Der Wandertag war klasse, sodass wir glücklich nach Hause gingen.

Für die **Angabe der Bedingung** brauchen wir die Konjunktionen **wenn** und **falls** (Nebensatz): Diese Sätze nennt man Konditionalsätze.
Auch hier können wir nicht den ursprünglichen Nebensatz an den Hauptsatz binden, ohne dass es inhaltlich schief klingt:
Der Wandertag war klasse, falls wir viel erlebt haben. **FEHLER!!!**

Der Besuch im Hochseilgarten steigert unsere Klassengemeinschaft, …
… weil wir gemeinsam Aufgaben in einem Parcours bewältigen müssen.
… da wir gemeinsam Aufgaben in einem Parcours bewältigen müssen.
… denn wir müssen gemeinsam Aufgaben in einem Parcours bewältigen.

MERKE: Für die Behauptung in einer Argumentation kannst du nur die Konjunktionen weil, da und denn verwenden! Du brauchst einen Kausalsatz!

verstehen

Um nun diese Meinung noch zu **veranschaulichen**, kann man ein oder auch mehrere **konkrete Beispiele** aufführen, die diese gemeinsame Aufgabe genauer erklären, die doch die Klassengemeinschaft fördern soll.

> Für Fortgeschrittene:
> Man kann auch einen Hauptsatz mit „nämlich" anschließen.
> Der Besuch im Hochseilgarten steigert unsere Klassengemeinschaft. Wir müssen <u>nämlich</u> gemeinsam Aufgaben in einem Parcours bewältigen.
> Oder man verzichtet ganz auf Konjunktionen und Adverb, aber dann muss der inhaltliche Bezug von der Behauptung und der Begründung ganz klar sein!
> Der Besuch im Hochseilgarten steigert unsere Klassengemeinschaft. Dort müssen wir gemeinschaftlich Aufgaben in einem Parcours bewältigen.

Der Besuch im Hochseilgarten steigert unsere Klassenzusammengehörigkeit, <u>da</u> wir gemeinsam Aufgaben in einem Parcours bewältigen müssen.

Es folgt ein kürzeres Beispiel:
Beim Beratschlagen darüber, wie wir eine Aufgabe lösen, können z. B. alle einen Vorschlag abgeben.

Es folgt ein längeres Beispiel:
So kann es <u>beispielsweise</u> sein, dass sich vier Schüler in einen an einem Seil befestigten Reifen setzen müssen, mit dem sie zur nächsten Stadion gelangen sollen. Hier ist nun Teamarbeit gefordert, denn die vier Schüler brauchen Hilfe beim Hineinklettern in den Reifen, sie brauchen jemanden, der sie dann anschubst und gegebenenfalls auch jemanden, der ihnen wieder hinaus hilft.

Das Beispiel kann mit den Worten **„beispielsweise"** oder **„zum Beispiel"** kenntlich gemacht werden. Du solltest allerdings vermeiden, deinen Satz damit zu beginnen.

Nicht: *<u>Zum Beispiel</u> können wir alle beim Beratschlagen darüber, wie wir eine Aufgabe lösen, einen Vorschlag abgeben.*

Sondern: *Beim Beratschlagen darüber, wie wir eine Aufgabe lösen, können <u>zum Beispiel</u> alle einen Vorschlag abgeben.*

Stoffsammlung für eine Argumentation

Welches Haustier ist das beste Haustier für Schüler? Dieser Frage soll in einer Schülerzeitung nachgegangen werden. Dafür sollen Schüler nun Argumente, die für verschiedene Haustiere sprechen, ausformulieren.

Für die Stoffsammlung eignet sich eine Mindmap.

relativ ungefährliches Tier

geringe Kosten bei der Anschaffung

begleitet den Menschen für eine längere Zeit

geringe Nahrungskosten

braucht nicht zu viel Aufmerksamkeit

ist ein Schmusetier

kein Rudeltier

So könnte eine Ausformulierung mit zwei Beispielen aussehen:
Eine Katze ist ein Schmusetier, weil sie die Nähe zu den Menschen zumindest immer wieder sucht und zulässt. Will die Katze beachtet werden, so schleicht sie beispielsweise mit hocherhobenem Schwanz um die Beine des Menschen und maunzt. Auch zeigt sie dem Menschen durch ein intensives Schnurren, dass sie Streicheleinheiten mag. Mitunter wird sie aber auch lieber alleine sein.

Stilistische Fehlerquellen beim Argumentieren

Das Thema wird zur Behauptung

Wichtig bei der Ausformulierung ist, dass eine klare Behauptung ausformuliert wird und nicht das Thema zur Behauptung wird, wie im folgenden Beispiel:
<u>Eine Katze ist das beste Haustier,</u> weil sie relativ ungefährlich ist. Sie kann den Menschen zwar mit Kratzen und Beißen verletzen, aber sie greift den Menschen nicht absichtlich an und kann ihm auch keine schweren oder sogar tödlichen Verletzungen zufügen.

Dieses Argument muss umformuliert werden!
Eine Katze ist relativ ungefährlich für den Menschen, da sie ihn nicht absichtlich angreift. So kann der Mensch zwar Kratzer oder Bisswunden davontragen, aber er kann durch sie generell nicht tödlich verletzt werden.

Vergleichen anstatt Vorteile zu nennen

Es ist immer besser, mit den eigenen Vorteilen zu argumentieren, als zu vergleichen. Hier wird die Katze mit dem Hund verglichen:

Eine Katze braucht nicht zu viel Aufmerksamkeit des Besitzers, da sie sehr selbstständig ist und auch draußen alleine sein kann. So muss man beispielsweise mit einem Hund immer Gassi gehen und kann ihn, außer im eigenen Garten, nicht unbeaufsichtigt draußen lassen. Das ist bei Katzen anders.

Besser wäre es, mit den Vorteilen zu argumentieren:

Eine Katze braucht nicht zu viel Aufmerksamkeit des Besitzers, da sie sehr selbstständig ist und auch draußen alleine sein kann. So kann man Katzen ohne Aufsicht hinauslassen, damit sie ihr Geschäft machen, herumstreunen und die Gegend erkunden kann. Hat die Katze genug davon, kommt sie selbstständig zurück.

Der Aufbau ist nicht richtig

Das Argument erscheint schwächer, wenn der Aufbau nicht stimmt. Das passiert einerseits, wenn die Reihenfolge von Behauptung, Begründung und Beispiel nicht eingehalten wird, bzw. andererseits, wenn die Begründung durch eine Folge ersetzt wird.

Eine Katze hat eine Lebenserwartung von bis zu 20 Jahren, sodass sie den Menschen für eine längere Zeit begleitet. Wird die Katze beispielsweise angeschafft, wenn das Kind noch klein ist, dann ist es unwahrscheinlich, dass der natürliche Tod der Katze im Kindesalter miterlebt und verarbeitet werden muss.

Besser wäre diese Formulierung:

Eine Katze begleitet den Menschen für einen längeren Zeitraum, da sie eine Lebenserwartung von bis zu 20 Jahren hat. Wird die Katze beispielsweise angeschafft, wenn das Kind noch klein ist, dann ist es unwahrscheinlich, dass der natürliche Tod der Katze im Kindesalter miterlebt und verarbeitet werden muss.

Die Verwendung von Negativformulierungen

Negativformulierungen sind vom Gehirn schwerer zu verarbeiten als Positivformulierungen. Deshalb sollte man in einer Argumentation, in der man sein Gegenüber überzeugen und nicht verwirren will, auf die Negativformulierungen verzichten:

Die Katze ist kein Rudeltier, da sie keine weiteren Artgenossen im Haushalt – wie andere Haustiere – braucht. Katzen suchen sich ihre sozialen Kontakte, wenn sie außer Haus sind, und leiden nicht an Einsamkeit ohne einen weiteren Artgenossen im Haus.

Besser wäre:

Eine Katze kann allein in einem Haushalt leben, denn sie ist sich selbst genug und kommt in der Gemeinschaft mit dem Menschen alleine zurecht. So kann eine Katze lange Zeit ohne ihre Artgenossen auskommen, ohne sich einsam zu fühlen, und sucht deren Kontakt nur, wenn sie das Haus verlässt.

Volleyball-Camp

Wann:	In den Osterferien 2019
Für wen:	für Mannschaften, in denen Jugendliche zwischen 12 und 16 Jahren spielen
Wie lange:	24. bis 31. März 2019
Preis:	220 Euro
Unterkunft:	jeweils ein Team in Ferienbungalows mit eigenem Wohnzimmer und Waschräumen
Verpflegung:	Vollverpflegung aus der Bioküche, Bio-Gemüse- und Kräutergarten befinden sich auf dem Gelände
Sportstätten:	dreiteilige Sporthalle, Hallenschwimmbad, Sportplatz und Fitnessraum
Trainer:	Volleyballtraining bei professionell ausgebildeten Trainern mit langjähriger Erfahrung
Training:	Konditionstraining, Taktiktraining und Schlagtechniken
Turniere und Spiele:	Trainingsspiele gegen Mannschaften aus aller Welt, Abschlussturnier
Abendveranstaltungen:	Abwechslungsreiches Abendprogramm: Fackelwanderung, Lagerfeuer mit Stockbrot, Spiel ohne Grenzen, Disco

Mehr Informationen unter www.volleyball-trainingscamp.de.
Anmeldung bis zum 31.01.2019 möglich.

1 Erstelle eine Mindmap mit mindestens fünf Behauptungen, die für den
Besuch des Volleyball-Camps sprechen.

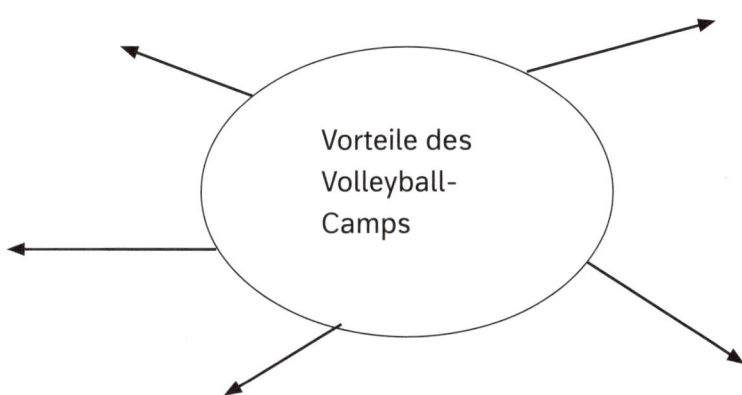

üben

2 Entscheide, ob es sich bei den Aussagen in den Sprechblasen um eine Behauptung, eine Begründung oder ein Beispiel handelt. Schreibe deine Entscheidung auf die Linie.

1 Eine Woche mit allem kostet nur 220 Euro.
_____

2 Die Trainer haben beispielsweise langjährige Erfahrung und sie wurden vom Veranstalter professionell ausgebildet.
_____

3 Viele Mannschaften aus verschiedenen Ländern sind da.
_____

4 Das ist ein günstiger Urlaub.
_____

5 Man kann sich z. B. in der Disko beim Tanzen kennenlernen oder auch beim Training, wenn man miteinander Übungen im Fitnessraum absolviert.
_____

6 Man kann gegen andere Mannschaften spielen!
_____

8 Hier gibt es natürlich Sporthallen, aber auch ein Hallenschwimmbad und eine Fitnessraum. Da können wir prima auch Kraft und Beweglichkeit trainieren.
_____

7 Es sind nämlich viele Gleichaltrige im Camp, die sich auch für Volleyball interessieren.
_____

3 Trage passende Begründungen und Beispiele aus dem Plakat (Seite 83) in die Tabelle ein.

	Behauptung	Begründung	Beispiel
1. Argument	gesunde Ernährung		
2. Argument	abwechslungsreiche Abende		

Das Thema der Argumentation lautet: Warum soll der Schulunterricht erst um 9:00 Uhr beginnen?

1 **Bei diesen Argumenten haben sich strukturelle und inhaltliche Fehler eingeschlichen, die der Lehrer unterstrichen hat. Benenne die Fehler. Schreibe in dein Heft.**

a) Bei späterem Unterrichtsbeginn sind die Schüler ausgeschlafener, denn der Schlafrhythmus unterscheidet sich dann nicht mehr so wesentlich von dem Rhythmus, den die Schüler vom Wochenende her gewohnt sind. <u>Dadurch können sie z. B. bessere Leistungen in den ersten Unterrichtsstunden erzielen</u>.

b) Kommen die Schüler ausgeschlafen zur Schule, <u>da diese erst um 9:00 Uhr beginnt</u>, arbeiten sie konzentrierter mit und passen im Unterricht besser auf. Sie sind somit wach genug, um z. B. Aufgabenstellungen, Zusammenhänge und Erklärungen besser zu verstehen.

c) Die schulischen Leistungen der Schüler wären besser, da sie sich in der Früh den Stoff der letzten Stunden noch einmal anschauen könnten. <u>So könnten sich die Leistungen in vielen Fächern steigern</u>.

d) <u>Der Unterricht soll erst um 9:00 Uhr beginnen</u>, weil dann die Wahrscheinlichkeit niedriger ist, dass man verschläft. So kann man beispielsweise leichter aufwachen, weil es draußen schon hell ist oder weil der Schlafrhythmus so angelegt ist.

d) <u>Schüler brauchen ein Frühstück, sodass sie in der Schule nicht zu hungrig sind</u>. Wenn sie zum Beispiel kein Geld für den Pausenverkauf haben und nichts frühstücken, dann wirkt sich das negativ auf die Leistungen in der Schule aus.

e) <u>Bei frühem Unterrichtsbeginn</u> steigt die Aggressivität der Schüler, weil sie womöglich bis spät in der Nacht auf waren und nun unausgeschlafen sind. So kann es beispielsweise passieren, dass sich Schüler wegen Nichtigkeiten in die Haare bekommen und möglicherweise auch die Fäuste fliegen.

2 **Korrigiere die fehlerhaften Argumente in deinem Heft. Verändere dabei aber nicht das gesamte Argument, sondern versuche, so wenig wie möglich zu ändern, sodass das Argument stimmt und überzeugt.**

1 **Die Schüler der Klasse 9a diskutieren über eine Klassenfahrt nach Dresden. Sie versuchen Argumente für die Fahrt zu finden. Bei den folgenden Aufzeichnungen ist entweder A oder B inhaltlich eine Begründung.**

✴ a) Kreuze die richtige Lösung an! Verfasse dann eine Behauptung und eine
✴ passende Begründung nach den Vorlagen!

Behauptung	Begründung (da, weil, denn)
0. Mehr Zeit für die Mitschüler	☐ **A** intensive Gespräche führen
	☐ **B** länger auf engem Raum zusammen sein

Bei einer Klassenfahrt hat man mehr Zeit für die Mitschüler, da man länger auf engem Raum zusammen ist.

Behauptung	Begründung
1. Neue Eindrücke	☐ **A** eine unbekannte Stadt bereist
	☐ **B** Erlebnisse aus Dresden erzählen kann

Behauptung	Begründung
2. Stärkung der Klassengemeinschaft	☐ **A** hinterher versteht man sich besser
	☐ **B** man teilt Erlebnisse miteinander und der Teamgeist ist gefordert

Behauptung	Begründung
3. Förderung der Selbstständigkeit	☐ **A** besseres Zurechtfinden im späteren Leben
	☐ **B** Übernahme von Verantwortung für sein eigenes Handeln

Behauptung	Begründung
4. Integration von neuen Mitschülern	☐ **A** Schüler lernen sich untereinander besser kennen
	☐ **B** Teil der Klassengemeinschaft sind

Behauptung	Begründung
5. Anschauliche Gestaltung des Literaturunterrichts	☐ **A** auf den Spuren von heimischen Dichtern wandeln kann.
	☐ **B** die Werke von Dichtern werden besser verstanden

Behauptung	Begründung
6. Geschichtsunterricht an Originalschauplätzen	☐ **A** alte Bauwerke zeugen von historischen Handlungen
	☐ **B** Ereignisse und Jahreszahlen kann man sich besser merken

✳ b) Ordne die folgenden sechs Beispiele den unter a) angefangenen Argumenten zu.

A ☐ So könnte man sich in Dresden beispielsweise das Schloss und die Kunstsammlung von August dem Starken anschauen und so einen Einblick in das höfische Leben erhalten.

G ☐0☐ So sitzt man während der Busfahrt zum Reiseziel schon beisammen und kann sich unterhalten, ohne dass man durch den Unterricht, die Lehrer oder den Pausengong gestört wird.

B ☐ Meist teilen sich die Schüler ein Mehrbettzimmer und neue Schüler werden dort mit den „Alteingesessenen" in Kontakt kommen, allein schon um Abläufe, wie z. B. den Weckdienst, im Zimmer zu organisieren.

C ☐ So kann man beispielsweise im Sommer auf den Elbwiesen erleben, wie beeindruckend es ist, im Open-Air-Kino zu sitzen, einen spannenden Film zu schauen und dabei über die Elbe auf die Stadt zu schauen.

D ☐ Schüler sind bei einer Fahrt z. B. selbst für die Einteilung ihres Taschengeldes verantwortlich und sollten so haushalten, dass sie sich auch am letzten Tag noch ein Getränk leisten können.

E ☐ In Dresden lebte beispielsweise Erich Kästner. Ein kleines Museum widmet sich dem Leben und dem Werk des Dichters, welches man mit der Klasse besuchen könnte.

F ☐ Bei einem Stadterkundungsspiel in kleinen Gruppen könnten beispielsweise die unterschiedlichen Fähigkeiten der Schüler gefragt sein. Einer kann eine Karte gut lesen, ein anderer traut sich eher Passanten anzusprechen und nach Informationen zu fragen. Zusammen sind sie dann ein unschlagbares Team.

können

Schwarzlicht-Erlebnispark in der Halle

0. Einzigartiges Erlebnis! – Halle in Schwarzlicht getaucht! –
Mit Neonfarbe gemalte Sehenswürdigkeiten leuchten an den Wänden!
1. Ungewöhnlicher Minigolfparcours! –
Nur Teile der Bahn sind im Schwarzlicht beleuchtet! –
Kurven und Hindernisse liegen im Dunkeln!
2. Weckt den Spieltrieb! – Weiteres Angebot an Wettkampfspielen! –
Billardtische, Kickerplatten und Flipperautomaten
3. Tolle Möglichkeiten für Fotos! – Schminke und Requisiten
für lustige Fotoaufnahmen! – Sei der Kaiser
auf dem Denkmal, ein Brückenheiliger oder
Straßenkünstler vor Neonkulisse!
4. Gemeinschaftliches Verweilen! – Angebot an Sitzgelegenheiten
und Getränken! – Zwei antialkoholische Getränke sind im
Eintrittspreis inbegriffen!

weitere Infos unter: www.Dresden-schwarzlichpark.de

Die Schüler hatten die Möglichkeit, sich für Programmpunkte am Abend zu entscheiden. Ihre Wahl fiel unter anderem auf einen Besuch im Schwarzlichterlebnispark.

Vervollständige die Argumente mit den Informationen aus dem Flyer oben.
Einzigartiges Erlebnis! – Halle in Schwarzlicht getaucht! – Mit Neonfarbe gemalte Sehenswürdigkeiten leuchten an den Wänden!
Beispiel: Der Schwarzlichtpark bietet ein einzigartiges Erlebnis (Behauptung), denn die Halle ist in Schwarzlicht getaucht (Begründung).
So sieht man nur die Neonfarbe und beispielsweise hier die an die Wand gemalten Sehenswürdigkeiten, die an den Wänden leuchten (Beispiel).

1. Der Park bietet _____
(Behauptung)

weil _____

_____
(Begründung)

_____

_____
(Beispiel)

2. Dort wird _____

(Behauptung)

denn _____

_____

(Begründung)

_____

_____

(Beispiel)

3. Es bieten sich _____

(Behauptung)

weil _____

_____

(Begründung)

_____

_____

(Beispiel)

4. Man kann _____

(Behauptung)

weil _____

_____

(Begründung)

_____

_____

(Beispiel)

können

3 **Ein paar negative Einstellungen zu der Klassenfahrt gibt es jedoch auch! Verfasse – dem Beispiel unten folgend – mit diesen Behauptungen vollständige Argumente jeweils mit einer passenden Begründung und einem Beispiel.**

Schüler: „Zu viel Kulturprogramm bei einer Klassenfahrt in eine Stadt!"

Bei einer Klassenreise in eine Stadt gibt es zu viel Kulturprogramm, da man sich in Städten die wichtigsten Sehenswürdigkeiten anschauen muss. So werden wir in Dresden sicherlich das Schloss, die Frauenkirche, die Semperoper und den Zwinger anschauen und kaum dazu kommen, ein wenig Sport zu machen.

a) Eltern: „So eine Fahrt können sich nicht alle Eltern leisten!"

_____

_____

_____

b) Schüler: „Es gibt den ganzen Tag Gruppenzwang!"

_____

_____

_____

c) Eltern: „Bei einer Woche Klassenfahrt fallen zu viele Stunden aus!"

_____

_____

_____

d) Lehrer: „Die Vorbereitung für eine Reise ist zu aufwendig!"

_____

_____

_____

e) Rektor: „Die anderen Lehrer müssen Vertretungen halten!"

_____

_____

_____

/15

Gesamt:

/ **45**

7 Vorarbeiten zur Erörterung

In diesem Kapitel wiederholst du,
- wie du ein vorgegebenes **Thema analysierst**,
- wie du deinen **Stoff** für eine Erörterung **sammelst** und ordnest,
- wie du Fakten aus **vorgegebenen Material** für deine Stoffsammlung heraussuchst,
- wie du eine **Gliederung** verfasst,
- was der Unterschied zwischen **Nominal- und Verbalstil** ist.

Eine Erörterung ist die schriftliche Form einer Diskussion. Hier werden die jeweiligen Seiten eines Themas aus verschiedenen Blickwinkeln schriftlich beleuchtet. Die äußere Form einer Erörterung ist festgelegt.

Wie gut eine Erörterung ist, hängt davon ab,
- wie genau die Themenstellung bearbeitet wurde; hier ist die inhaltliche Tiefe genauso wichtig wie die inhaltliche Breite,
- wie überzeugend und strukturiert die vorgebrachten Argumente sind,
- ob du in der Lage bist, zwei verschiedene Standpunkte einzunehmen oder die unterschiedlichen Seiten des Themas aufzuzeigen und
- ob du genug persönliches Wissen über das jeweilige Thema mitbringst.

Freie und textgebundene Erörterung
Erörterungen werden in zwei Gruppen eingeteilt:
- „Freie Erörterung" (basierend auf dem eigenen Wissen) und
- „textgebundene Erörterung" (mit unterstützendem Infomaterial).

Die Themenanalyse

Themenauswahl
Meist stehen bei einer Erörterung mehrere Themen zur Auswahl, sodass du überlegen solltest, zu welchem Thema du die **nötigen Sachinformationen oder ausreichende Kenntnisse** hast, um eine sachliche und auf Fakten basierte Erörterung zu verfassen.
Ist ein **Thema** für dich nicht ganz **klar** oder nicht **eindeutig** gestellt, wäre auch dies ein Grund, dieses Thema nicht zu wählen.

Schlüsselbegriffe und Einschränkungen des Themas
Um das Thema genau zu erfassen, musst du die Schlüsselbegriffe herausfinden und das Thema nach Einschränkungen hin untersuchen. Sinnvoll ist es, sich diese zu unterstreichen oder zu markieren.

Thema: *Warum lesen Schüler so wenig?*
Schlüsselbegriffe: *Schüler, lesen*
Einschränkungen: *Schüler* (nicht Erwachsene)
                      so wenig (sie lesen also doch ein bisschen)

verstehen

Art der Themenstellung

Es gibt unterschiedliche Themenstellungen.
Manchmal soll nur ein Aspekt des Themas erörtert werden, manchmal zwei, selten jedoch drei. So unterscheidet man in:

eingliedrige Themen:	*Warum lesen Schüler so wenig?*
zweigliedrige Themen:	*Schüler lesen wenig. Was sind die Gründe dafür und welche Folgen hat das für ihre Entwicklung?*
dreigliedrige Themen:	*Welche Ursachen hat die geringe Lesefreude bei Schülern, welche Folgen hat das für ihre Entwicklung und was lässt sich dagegen unternehmen?*

Es kann aber auch eine **Entscheidungsfrage** gestellt werden, was im Prinzip eine versteckte zweigliedrige Erörterung mit einer Darstellung der eigenen Meinung ist.

Manche Eltern verlangen von ihren Kindern, dass sie pro Monat ein Buch lesen. Was halten Sie davon?

Jetzt muss man die Vorteile und die Nachteile dieser Maßnahme erörtern und zum Schluss die eigene Meinung begründen.

Der Leit- oder Dachsatz

Der Leit- oder Dachsatz ist die **Umformulierung des Themas** in einen geeigneten Satz für die **Gliederung** und er wird auch so in der **Ausformulierung** übernommen. Er kann als **Fragesatz** oder als **Aussagesatz** formuliert werden.

Thema: *Sie stehen vor der Entscheidung, welchen Beruf sie später einmal ausüben möchten. Welche Überlegungen sollten Sie bei Ihrer Berufswahl anstellen?*

mögliche Dachsätze:
Welche Überlegungen muss ich bei meiner Berufswahl anstellen?
oder
Bei meiner Berufswahl muss ich verschiedene Überlegungen anstellen.

Thema: *Die Gewaltdarstellungen im Internet nehmen zu. Welche Ursachen sehen Sie hierfür?*

Dachsätze:
Was sind die Ursachen für die zunehmende Gewaltdarstellung im Internet?
oder
Für die zunehmende Gewaltdarstellung im Internet gibt es mehrere Ursachen.

Tipp:
Ist die Formulierung des Aussagesatzes schwierig, so ist es eine Hilfe, die Formulierung „es gibt" zu verwenden.

Die Stoffsammlung ohne Material

Brainstorming

Nachdem du das Thema genau analysiert hast, kannst du dir alle Punkte aufschreiben, die dir spontan zu dem Thema einfallen. Bei einem eingliedrigen Thema eignet sich vielleicht eine **Mindmap**, bei einem zweigliedrigen gegensätzlichen Thema eher eine **Tabelle.**

Fragen an das Thema

Stelle dir die sogenannten W-Fragen, mit denen du das Thema „Zunehmende Gewalt im Internet" tiefer erfassen kannst.

Welche Arten der Gewaltdarstellung gibt es?
Was wird im Netz dargestellt? Wo genau wird findet man sie im Netz?
Was ist Gewalt überhaupt?
Wer schaut sich diese Darstellungen an?
Wer hat Zugriff auf solche Internetseiten?

Die Stoffsammlung mit Material

Es kann aber auch sein, dass du für deine Erörterung Material erhältst, dies nennt man eine **materialgestützte Erörterung**. Sinn dieses Materials ist es, dir Ideen für die Stoffsammlung zu geben und dich auch mit nötigen Zahlen auszustatten, die es dir erlauben, ein **fundiertes Argument zu verfassen**. Dieses Material musst du in deinem Aufsatz verwenden, aber ebenso solltest du eigene Ideen einbringen.

Auswertung des Materials

> Das Thema der Erörterung ist:
> Warum konsumieren immer mehr Jugendliche Alkohol?
> Was sind die möglichen Folgen des Alkoholkonsums?

Zunächst überlegst du dir, ob das Material überhaupt **zu deinem Thema passt** und wenn ja, ob du es – bei diesem Thema – bei den Gründen oder den Folgen verwendet kannst.

Dieses Material könntest du bei der Erörterung der Gründe verwenden, denn es ist ersichtlich, dass die Jugendlichen unter 18 Jahren den Alkohol entweder selbst kaufen (ca. 38 %) oder der Alkohol von Freunden beschafft wurde (ca. 68 %).

Bezugsquellen des Alkohols bei Kindern und Jugendlichen in Prozent in Bayern (Material 1)

Um dieses Material für deine Gliederung passend zu machen, musst du ein bisschen weiterdenken und überlegen, ob du diese Zahlen in der Behauptung, in der Begründung oder im Beispiel benötigst.

Meist ist es sinnvoll, Zahlen im Beispiel zu verwenden.

So könntest du dann dieses **Material in der Stoffsammlung** aufnehmen:

1. Einfache Beschaffung des Alkohols
   a) Eigener Kauf (M1)
   b) Beschaffung durch Freunde (M1)

Hinter dem Gliederungspunkt solltest du vermerken, aus welchem Material du deine Informationen beziehst.

In der **Ausformulierung** des Arguments musst du wiederum angeben, dass du das Material verwendet hast.

Übernimmst du Fakten inhaltlich, reicht es aus, hinter deiner Erwähnung der Fakten *(siehe M1)* zu vermerken.

Zitierst du aber Sätze aus Texten, musst du diese Zitate in Anführungszeichen setzen und dahinter als Quellenangabe *(M1)* schreiben.

Die Stoffordnung

In einem zweiten Schritt solltest du nun die Ideen zueinander ordnen, indem du überlegst, ob manche Ideen einen **inhaltlichen Zusammenhang** haben. Für diese zusammengehörigen Punkte solltest du dann versuchen, **Oberpunkte** zu finden und dazu passende Unterbegriffe formulieren.

Bleiben ein paar Ideen übrig, so kannst du entweder einfache Argumente formulieren oder diese auch streichen, weil sie vielleicht nicht so wichtig sind oder gar nicht zum Thema gehören.

Dachsatz: *Bei meiner Berufswahl muss ich verschiedene Überlegungen anstellen.*

> Tipp:
> Typische Oberbegriffe können sein:
> – Ursachen/Folgen körperlicher, geistiger, seelischer, beruflicher, sozialer, wirtschaftlicher, politischer, kultureller Art
> – Gründe/Probleme für den Einzelnen, ... die Familie, ... die Gesellschaft, ... die Wirtschaft
> – Auswirkungen auf die Pflanzen, ... die Tiere, ...die Landschaft, ... den Menschen

Stoffsammlung in einer Mindmap

€ ausreichender Lohn

€ weitere Vorteile z. B. Zugticket, Betriebsrente, Versicherungen

€ monetäre Anerkennung für gut geleistete Arbeit/Prämien

+ kleine oder große Firma?
+ bekannte Firma

angenehmer Chef
nette Kollegen

+ Einsatzort/Arbeitsstätte

+ Schichtdienst/Arbeitszeiten

Überlegungen bei der Berufswahl

* Benötigte Voraussetzungen
* Schulbildung
* Interesse am Lernen

@ Karrieremöglichkeiten

@ Weiterbildungen

Passt
* mein Charakter
* meine Begabung
* mein Interesse zum Job?

neue Freunde gewinnen
Persönliche Weiterentwicklung
Unabhängigkeit von den Eltern

mögliche Oberbegriffe und Sortierung:

€ Finanzielle Erwartungen

+ Erwartungen an die Firma

Persönliche Erwartungen

* Persönliche Voraussetzungen

@ Berufliche Weiterentwicklung

Die Gliederung

Abgesehen von den drei Großbuchstaben A, B, C – für die Einleitung, den Hauptteil und den Schluss – folgen danach die **römischen**, dann die **arabischen Zahlen** und schließlich die **kleinen Buchstaben** mit Klammer:

konventionelle Gliederung:

eingliedrige Erörterung	zweigliedrige	dreigliedrige
A einleitender Gedanke B Dachsatz I. Oberpunkt II. Oberpunkt 1. Unterpunkt 2. Unterpunkt III. IV. 1. 2. C Schluss	A einleitender Gedanke B Dachsatz I. Ursachen 1. Oberpunkt 2. Oberpunkt a) Unterpunkt b) Unterpunkt 3. II. Folgen 1. a) b) 2. 3. a) b) c) C Schluss	einleitender Gedanke B Dachsatz I. Ursachen 1. Oberpunkt 2. Oberpunkt a) Unterpunkt b) Unterpunkt 3. II. Folgen 1. a) b) 2. 3. a) b) c) III. Eigene Maßnahmen 1. 2. a) b) 3. C Schluss

numerische Gliederung

eingliedrige Erörterung	zweigliedrige
A einleitender Gedanke B Dachsatz 1. Oberpunkt 2. Oberpunkt 2.1 Unterpunkt 2.1 Unterpunkt 3. 4. 4.1 4.2 C Schluss	A einleitender Gedanke B Dachsatz 1. Ursachen 1.1 Oberpunkt 1.2 Oberpunkt 1.2.1 Unterpunkt 1.2.2 Unterpunkt 1.3 2.. Folgen 2.1 2.1.1 2.1.2 2.2 2.3 2.3.1 2.3.2 2.3.3 C Schluss

Diese numerische Gliederung kann aber sehr schnell unübersichtlich werden.

Bei der Erstellung der Gliederung solltest du einige Punkte beachten:

- „Wer A sagt muss auch B sagen!", d. h. ein Oberpunkt braucht mindestens zwei Unterpunkte.
- Das wichtigste Argument sollte zuletzt erörtert werden (steigernde Anordnung).
- Der Ober- bzw. Unterpunkt sollte aus mindestens zwei Wörtern bestehen, wobei hier nicht der Artikel zählt. Besser ist es, ein Adjektiv zu verwenden (Bsp. Persönliche Erwartungen).
- Bei einer zwei- oder mehrgliedrigen Erörterung sollte die Anzahl der Argumente ausgewogen sein, man sollte also möglichst gleich viele Argumente auflisten.
- Der Stil der Gliederung sollte einheitlich sein, d. h. man wählt entweder den Nominal- oder den Verbalstil.

Nominalstil (Formulierung ohne Verb)	Verbalstil (Formulierung mit Verb)
Vorbild der Lehrer Vorbild der Freunde Vorbild der Medien	Lehrer wirken als Vorbild Freunde dienen als Vorbild Medien zeigen Vorbilder

Exkurs: Nominal- und Verbalstil

Für die **Gliederung** braucht man meist kurze Formulierungen, sodass sich hier der **Nominalstil** anbietet.

In der **Ausformulierung der Argumente** wiederum ist der **Verbalstil** eher angemessen, da Texte mit Anhäufungen von Nomen für den Leser eher unverständlich sind, sodass die Argumente weniger überzeugend wirken.

Hier einige Beispiele:

Entlastung durch kürzere Arbeitszeiten

Dadurch, dass man kürzer arbeitet, wird man entlastet.

Minderung des negativen Einflusses auf den Menschen

Der negative Einfluss auf den Menschen wird gemindert.

Verbesserung der Qualität

Die Qualität wird verbessert.

Meist sind die Formulierungen im Verbalstil Passivkonstruktionen!

Besonders problematisch ist die Umformung von Sätzen mit „werden".

Erreichen/Erwerb/Erlangen von hohem öffentlichen Ansehen

Man wird in der Öffentlichkeit hoch angesehen.

1 **Schreibe diese Sätze im Nominalstil für eine Gliederung.**

a) Man neigt dazu, sich selbst zu überschätzen.

Neigung zur Selbstüberschätzung

b) Man hat Lust, sich selbst darzustellen.

_____

c) Man eifert seinen Vorbilder nach.

_____

d) Man wird berühmt.

_____

e) Man stellt dar, wozu man fähig ist.

_____

f) Man vertieft seine Kenntnisse.

_____

g) Man wird international bekannt.

_____

h) Man wird reich.

_____

i) Man hat garantiert Spaß.

_____

j) Man verarbeitet seine Niederlagen.

_____

k) Man gefährdet sein Privatleben.

_____

2 **Das Thema einer Erörterung lautet im zweiten Teil: Welche Maßnahmen können ergriffen werden? Hier sind nun mögliche Maßnahmen genannt. Formuliere kurze Oberpunkte. In der Klammer ist genannt, welche Art der Formulierung du verwenden sollt.**
Beispiele:
Gesetzgeber (Genitiv) – *Maßnahmen **des** Gesetzgebers*
Schule (Adjektiv) – ***schulische** Maßnahmen,*
Handel („seitens") – *Maßnahmen **seitens** des Handels*

Banken („seitens") _____

Individuum (Adjektiv) _____

Gesellschaft (Adjektiv)_____

Familie (Adjektiv) _____

Werbung und Medien („seitens") _____

Politik (Genitiv) _____

3 **Entnimm für deine Erörterung mit dem Thema „*Warum konsumieren immer mehr Jugendliche Alkohol? Was sind die möglichen Folgen des Alkoholkonsums?*" brauchbare Informationen aus dem Material 1.**

a) Unten siehst du einen Teil einer Gliederung. Bei welchen der Gliederungspunkte kannst du angeben, dass du dich auf Material 1 beziehst? Und wie gibst du das an?

1. Gefahren für die Gesellschaft _____

a) Höhere Gewaltbereitschaft

bei Jugendlichen _____

b) Gefahr im Straßenverkehr _____

c) Vandalismus in Gebäuden oder auf der

Straße _____   .

Kurzfristige Folgen
Alkohol entspannt nicht nur, er enthemmt auch – und fördert die Risikobereitschaft des Trinkers. Gleichzeitig sinkt die Reaktionsfähigkeit; eine im Straßenverkehr häufig tödliche Kombination. Daneben gibt es Hinweise, dass Erscheinungen wie Torkeln bei Jugendlichen etwas später, aber dann schlagartig einsetzen, anders als bei Erwachsenen.

Material 1

b) Dieses Material gibt dir Informationen zu den Gründen und zu den Folgen.

In Material 1 genannte Gründe, Alkohol zu konsumieren:

_____

In Material 1 genannte Folgen des Alkoholkonsums:

_____

können

Das Thema der Erörterung ist:

> **Welche Grundvoraussetzungen braucht ein Jugendlicher, wenn er eine Ausbildung beginnen möchte?**

/4

1 Analysiere das Thema und schreibe die Schlüsselbegriffe und die Ein-
✳ schränkungen heraus:

Schlüsselbegriffe: _____

Einschränkungen: _____

/1

2 Was für eine Themenstellung ist dies? Eine ein-, zwei- oder dreigliedrige
✳ Erörterung?

_____

/2

3 Formuliere zwei Dachsätze für das Thema
✳ Fragesatz: _____
✳ Aussagesatz: _____

4 Ober- und Unterpunkte
✳ a) Finde drei passende Oberpunkte zu den folgenden Unterpunkten.
✳

_____	_____	_____

– man kann genug Deutsch
– *man ist geeignet qualifi-*
  ziert
– man ist alt genug
– man hat die Schule
  abgeschlossen
	– man ist flexibel und mobil
	  im Beruf
	– man ist bereit, auch
	  unangenehme Arbeiten
	  zu verrichten
		– man erscheint pünktlich
		– man ist geduldig und
		  ausdauernd
		– man ist an der Tätigkeit
		  interessiert

/3

✳ b) Die Unterpunkte sind hier im Verbalstil, doch das „*man*" stört! Schreibe die
✳ Unterpunkte im Nominalstil in die unten stehende Gliederung und nominali-
✳ siere das unterstrichene Wort in der obigen Tabelle!

☐ einleitender Gedanke
☐ Dachsatz
  ☐ Oberpunkt
    ☐ _____

    ☐ *Geeignete Qualifikationen*

    ☐ _____

    ☐ _____
  ☐ Oberpunkt
    ☐ _____

    ☐ _____

können

☐ Oberpunkt

    ☐ _____

    ☐ _____

    ☐ _____

☐ Schlussgedanke

✳ c) Setze die Zahlen und Buchstaben (konventionelle Gliederung) in die Kästchen in der obigen Gliederung ein!

5 **Bei dem folgenden Gliederungsausschnitt haben sich vier formale Fehler eingeschlichen. Unterstreiche sie und gib den Grund an, warum das falsch ist und korrigiere sie.**

Thema: *Bewerbung bei einer Castingshow? Na, klar! – Geht gar nicht!*

> B. Gründe gegen eine Bewerbung bei einer Castingshow
>   1. Allgemeine Risiken bei der Vorbereitung
>   a) Verlust von Freunden
>   2. Risiken bei Misserfolgen
>   a) öffentlicher Spott in den Medien
>   b) verletzende Beleidigungen durch die Jury
>   c) Niederlagen müssen verarbeitet werden
>   3. Risiken bei Erfolg
>   a) Verlust des Privatlebens
>   b) Gefährdung schulischer oder beruflicher Ziele
>   c) Stress

1. Fehler: _____

   Korrektur: _____

2. Fehler: _____

   Korrektur: _____

3. Fehler: _____

   Korrektur: _____

4. Fehler: _____

   Korrektur: _____ /12

Gesamt:

/ **45**

8 Ausarbeitung einer Erörterung

In diesem Kapitel wiederholst du, wie du eine Erörterung mit und ohne Material schreibst. Du erfährst,
- wie du einen **einleitenden Gedanken** verfasst,
- wie ein **einfaches** und wie ein **komplexes Argument** aufgebaut ist,
- wie du vorgegebenes **Material in deine Argumente einbinden** kannst,
- wie man eine **Überleitung** zwischen den Argumenten verfasst,
- wie man einen **Schlussgedanken** verfasst.

Eine Erörterung ausformulieren

Die Erörterung besteht aus den drei Teilen **Einleitung**, **Hauptteil** und **Schluss**, die du in einem **fortlaufenden Text gemäß deiner vorher erstellten Gliederung** ausformulieren sollst.

Das **Thema einer Erörterung** könnte lauten:

> Aus welchen Gründen besuchen viele junge Leute einen Tanzkurs?
> Was spricht dagegen?

Die Ausformulierung der Einleitung

In der Einleitung einer Erörterung musst du vier Aspekte berücksichtigen. Zunächst solltest du den Leser **auf das Thema einstimmen**. Da bieten sich **verschiedene Inhalte** für den **einleitenden Gedanken** an:
- ein aktuelles Ereignis aus den Medien,
- ein Zitat,
- eine Begriffserklärung,
- ein historischer Rückblick,
- statistisches Zahlenmaterial,
- ein persönliches Erlebnis.

Dieser Gedanke sollte aus zwei bis drei Sätzen bestehen, in denen du – bei einer zweigliedrigen Erörterung – auf **beide Aspekte des Themas** eingehst. Soll bei einem Thema das Für und Wider des Besuches eines Tanzkurses erörtert werden, so solltest du schon in der Einleitung jeweils einen Aspekt erwähnen, der für einen Tanzkurs spricht und einen dagegen.

An diesen einleitenden Gedanken schließt sich dann der **Dachsatz** an. Hierfür kannst du folgende Überleitungen verwenden:

Im Folgenden soll erörtert werden, ...
Im Folgenden soll der Frage nachgegangen werden, ...
Daher möchte ich erörtern, ...
Angesichts dieser Beobachtung/Tatsache/Entwicklung stellt sich mir die Frage ...
Es gibt sehr unterschiedliche Gründe dafür, warum ...
Aus dem Vorangegangenen drängt sich die Frage auf: ...
In diesem Zusammenhang stellt sich mir die Frage: ...

> **Abschlussball der Schüler und Schülerinnen**
> **der Markgrafen Realschule Burgau**
> **Burtenbach** Am Samstagabend fand der diesjährige Abschlussball der
> 10. Klassen der Realschule Burgau, wie schon die vergangenen 15 Jahre, in der
> Mehrzweckhalle von Burtenbach statt. Die Schüler waren mit ihren Eltern …

Steht ein **aktueller Zeitungsartikel** zu Verfügung, so könnte eine **Einleitung**
folgendermaßen lauten:

Am letzten Samstag fand der alljährliche Abschlussball der 10. Klassen der Mark-
grafen Realschule Burgau statt. Die Schüler kamen mit ihren Freunden und Eltern in
die festlich geschmückte Mehrzweckhalle und freuten sich darauf, mit ihrem Partner
zu den vorher erlernten Tänzen über das Parkett zu schweben. Die Vorfreude auf
diesen besonderen Abend war sicherlich bei vielen Schülern groß, dennoch hatten
sich einige mit ihren Ballroben in wahre Unkosten gestürzt. Für ein Kleid oder einen
Anzug, der womöglich nur einmal getragen wird, hatten sie viel Geld ausgegeben.
Deshalb stellt sich mir die Frage, warum viele Schüler einen Tanzkurs besuchen und
was dagegen spricht.

Die Ausformulierung des Hauptteils
Dieser Teil der Erörterung besteht darin, zahlreiche überzeugende Argumente
geschickt miteinander zu verbinden. Dabei musst du auf **eine ausgewogene**
Bearbeitung der Thematik achten, d. h. beide Seiten der Erörterung sollten
ungefähr die gleiche Anzahl an Argumenten aufweisen.

Die einfache Argumentationskette
Den Aufbau einer einfachen Argumentationskette kannst du im Detail im Kapitel 6
wiederholen. Sie kann aus drei bis fünf Gliedern bestehen.
Jedes **Argument** besteht aus **mindestens drei Teilen**:

Behauptung – Begründung – Beispiel

Die **Behauptung** ist ein möglichst **knapper Aussagesatz**.

Begründungen werden meist durch **kausale Konjunktionen**
verdeutlicht: *weil, da, deshalb, denn, Grund dafür ist, aus diesem Grund, nämlich, …*
Begründungen dürfen **niemals wie Behauptungen formuliert** sein!

Das **Beispiel** sollte nicht zu persönlich, sondern eher **allgemeingültig** gehalten
werden und sollte ein **Beispiel für die Behauptung** sein. Es wird durch Formulierungen wie *beispielsweise* oder *z. B.* verdeutlicht. Diese beiden Formulierungen
sollten aber **nicht am Satzanfang** stehen.

Oft ist es auch möglich, nach dem Beispiel eine Folge anzugeben. Wichtig ist nur,
dass diese nicht anstelle der Begründung tritt.

verstehen

Folgen werden durch Formulierungen wie *folglich, die Folge davon ist, dann, nur dann, also, so dass...* verdeutlicht.

Die **Rückführung** erscheint **nach jedem Oberpunkt** (1., 2., 3., ...). So geht man sicher, dass man sich inhaltlich nicht zu weit von der Behauptung bzw. von der These entfernt hat.
Also kann ein einfaches Argument bis zu fünf Kettenglieder haben.

Hier ein Beispiel für ein **fünfgliedriges einfaches Argument**:
Das Tanzen hat gesellschaftliche Vorteile, da der Jugendliche in seinem späteren Leben bei gesellschaftlichen Anlässen auf seine Tanzkenntnisse zurückgreifen kann. Ist ein junger Mann beispielsweise auf eine Hochzeit eingeladen, bei der auch getanzt wird, dann kann er die weiblichen Hochzeitsgäste zu einem Tanz auffordern, ohne sich zu blamieren. Folglich lernt er dann sogar nette Frauen kennen und könnte mit ihnen ins Gespräch kommen. Die Menschen mit Kenntnissen im Tanzen haben deshalb im gesellschaftlichen Leben einen Vorteil.

In der **Gliederung** würde stehen:

> 1. Gesellschaftliche Vorteile (eines Tanzkurses)

Die komplexe Argumentationskette
Hast du in deiner Gliederung ein Argument mit einem Oberpunkt und zwei Unterpunkten, so musst du ein komplexes Argument formulieren.

In der **Gliederung** würde stehen:

> 2. Sportliche Vorteile eines Tanzkurses
>   a) Training der Ausdauer
>   b) Training der Balance

Jetzt brauchst du insgesamt **drei Behauptungen**, **zwei Begründungen**, **zwei Bespiele** und **eine Rückführung** auf die erste Behauptung.

So könnte dann die achtgliedrige Gedankenkette aussehen:
Behauptung: Sportliche Vorteile des Tanzkurses
Behauptung: Training der Ausdauer
Begründung: schnelles Tanztempo
Beispiel: Tanz eines Jives oder einer Samba
Behauptung: Training der Balance
Begründung: bei schnellem Tempo komplizierte Schrittfolgen
Beispiel: Drehungen und ausschließliche Belastung der Ballen beim Samba
Rückführung: Training der Ausdauer und Balance

Ausformuliert könnte das Argument dann folgendermaßen aussehen:

Ein Tanzkurs hat auch sportliche Vorteile. Einerseits trainiert man die Ausdauer, da einige Tänze in einem schnellen Tempo getanzt werden und dies einiger Kondition bedarf. Tanzt man beispielsweise einen Jive oder eine Samba, so liegt die Taktzahl bei 160 bis 220 pro Minute, sodass der Puls in die Höhe getrieben wird. Andererseits trainiert man auch die Balance, da man bei schnellem Tempo zusätzlich komplizierte Schrittfolgen meistern muss. Beim Jive sind es die schnellen Drehungen, die die Tänzer aus dem Gleichgewicht bringen können, bei der Samba sollten nur die Fußballen beim Tanzen belastet werden, was dazu führen kann, dass man etwas wackelig auf den Füßen steht. Somit wird in einem Tanzkurs sowohl die Ausdauer als auch die Balance trainiert.

Die Einbindung von vorgegebenem Material in die Argumente

Vorgegebenes Material soll dazu dienen, deine eigenen Ideen **mit Fakten** zu **unterstützen** oder dir auch **Ideen** für Argumente zu **liefern**.

Beachten musst du Folgendes:
- Nicht jedes Material eignet sich für dein Thema!
- Wenn du das Material verwendest, musst du dies in deiner **Gliederung** und in deiner **Ausarbeitung angeben**.

Material 1

**Warum Jugendliche einen Tanzkurs besuchen
(Angaben in Prozent)**

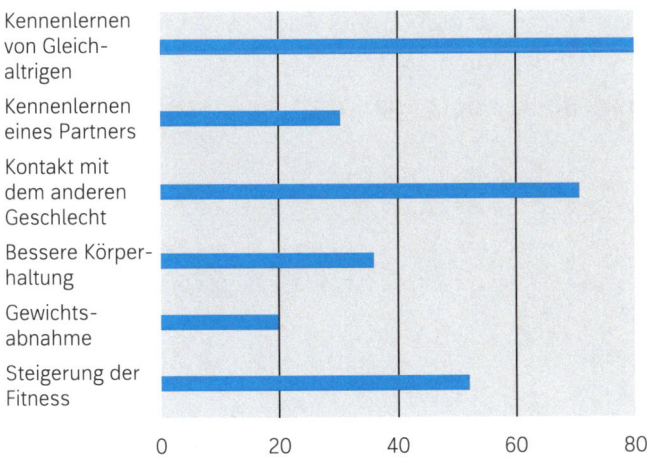

Material 2

So gibt es verschiedene Kurse für Erwachsene und Jugendliche, vom Grundkurs über den Fortgeschrittenenkurs hin zu Medaillenkursen. Dabei kosten die Grundkurse, die auch oftmals in Schulen als Vorbereitung für den Abschlussball angeboten werden, zwischen 75,- und 150,- Euro pro Person für durchschnittlich 8 bis 10 Unterrichtseinheiten á 90 min. (www.gute-frage.de)

Hier zwei Beispiele für die Verwendung des Materials in Argumenten:

Jugendliche suchen in einem Tanzkurs Kontakt zu anderen Menschen. Einerseits wollen sie in der Tanzschule Gleichaltrige kennen lernen (siehe M1), da es spezielle Kurse für Schüler und Jugendliche gibt. So treffen sich die jungen Leute dann ein- oder zweimal in der Woche, tanzen zusammen, unterhalten sich und trinken vielleicht hinterher noch eine Cola zusammen. Aus diesen Kontakten können dann Bekanntschaften oder auch Freundschaften entstehen. Andererseits würden sie auch gerne einen Partner kennen lernen (siehe M1), ...

In diesem Beispiel wurde **auf das Material hingewiesen** und so reicht der Hinweis (**siehe M 1**). Im nächsten Beispiel wird allerdings eine **Textpassage** aus dem Text entnommen, so dass diese zitiert werden muss. Hier darf der **Satzbau nicht verändert** werden, du brauchst die **Anführungszeichen** und den **Hinweis auf das Material (M 2)**.

Gegen den Besuch eines Tanzkurses sprechen vor allem die anfallenden Kosten. Für die Jugendlichen ist der Preis eines Tanzkurses zu hoch, da sie nicht genug Taschengeld haben, um sich selbst einen Tanzkurs zu leisten. Die Preise für die Tanzstunden liegen „zwischen 75,- und 150,- Euro pro Person für durchschnittlich 8 bis 10 Unterrichtseinheiten á 90 min." (M2) Darüber hinaus können sie sich die benötigte Kleidung für die Stunden nicht leisten, da Schuhe mit einer für den Tanzboden geeigneten Sohle normalerweise nicht in ihrem Schuhschrank zu Hause stehen und diese extra für den Tanzkurs angeschafft werden müssen. So kostet beispielsweise ein Paar Herrenschuhe mit Ledersohle …

Die Überleitungen

Zwischen den Argumenten, aber auch innerhalb eines Arguments musst du deine Gedanken verbinden, damit eine für den Leser nachvollziehbare, logische Argumentation entsteht.

Für die **Überleitung innerhalb eines Arguments** kannst du folgende sprachliche Mittel verwenden:

> - **anreihende Konjunktion**: auch, außerdem, ebenso, ebenfalls, ferner, des Weiteren, zudem, zusätzlich, weiterhin, sowohl … als auch, nicht nur … sondern auch, …
> - **gegensätzliche Konjunktionen**: aber, jedoch, dennoch, einerseits … andererseits, trotzdem, obwohl, zwar, …
> - **sprachliche Wendungen**:
>   Daraus ist ersichtlich, dass …
>   Das zeigt, dass …
>   Das ist ein weiterer Beweis für …
>   Daraus kann geschlossen werden …
>   Dazu kommt, dass …
>   Außerdem kann man feststellen, dass …
>   Schließlich ist zu beachten, dass …
>   Ebenfalls muss berücksichtigt werden, dass …
>   Erwähnt werden sollten noch, dass …

Du kannst aber auch eine **Überleitung zwischen zwei Argumenten** formulieren. Dafür verbindest du die Rückführung des ersten Arguments mit dem Oberpunkt des zweiten Arguments.

Hier ein Beispiel, die Überleitung ist fett gedruckt:

*... dann kann er die weiblichen Hochzeitsgäste zu einem Tanz auffordern, ohne sich zu blamieren. Folglich lernt er dann sogar nette Frauen kennen und könnte mit ihnen ins Gespräch kommen. **Aber nicht nur im gesellschaftlichen Leben haben Menschen mit Kenntnissen im Tanzen einen Vorteil, sondern auch zwei Säulen der sportlichen Fitness werden beim Tanzen trainiert.** Einerseits trainiert man die Ausdauer, ...*

Die Ausformulierung des Schlussgedankens

Auch für den Schluss solltest du dir genügend Zeit nehmen. Wichtig ist hier, dass dein Schlussgedanke inhaltlich auch zum Thema passt und du einen neuen, eigenständigen Gedanken entwickelst.

Schlussgedanken könnten folgendes beinhalten:
- eine Zusammenfassung
- eine persönliche Stellungnahme
- eine Folgerung aus dem Gesagten
- ein weiterführender Gedanke

Hier ein Beispiel für eine Ausformulierung eines Schlussgedanken – Folgerung aus dem Gesagten:

Aus all den Ausführungen folgt, dass junge Leute oft vielfältige und verschiedene Gründe haben, einen Tanzkurs zu besuchen. Und wenn sie erst einmal vom Tanzen begeistert sind, dann könnte diese Freizeitgestaltung auch zu einem Beruf werden. Viele Fitnessstudios suchen Trainer, die sportlich sind und sich zur Musik bewegen können. So werden in vielen Studios Kurse wie Zumba angeboten, bei denen die Ausdauer, die Balance und die Beweglichkeit trainiert werden. Genau das erlernt man in einem Tanzkurs. Oder vielleicht steigt man auch als Trainer in einer Tanzschule ein oder unterrichtet das Tanzen an der Volkshochschule. Schon manche haben über ihr Hobby zu einem passenden Beruf gefunden.

Das Thema der Erörterung lautet:

> Schüler lesen wenig. Was sind die Gründe dafür und welche Folgen hat das für ihre Entwicklung.

1 **Lies dir die folgenden Einleitungen durch.**

Dies sind mögliche Anlässe für einen einleitenden Gedanken.

A   ein aktuelles Ereignis aus den Medien   B   ein historischer Rückblick
C   ein Zitat   D   statistisches Zahlenmaterial
E   eine Begriffserklärung   F   ein persönliches Erlebnis

✳ a)   Welcher Anlass wurde für den einleitenden Gedanken verwendet? Schreibe den Buchstaben in das Kästchen.

> 1 ☐ Was bedeutet das Lesen für den Menschen? Der Schriftsteller Jean Paul hat einmal gesagt, dass „Bücher lesen heißt, wandern gehen in ferne Welten, aus den Stuben über die Sterne." Er meint sicherlich damit, dass uns ein Buch auf eine Reise mitnehmen kann, obwohl wir den Ort selbst gar nicht verlassen. Das Lesen wird also als eine Art Horizonterweiterung gesehen und dies ist sicherlich ein Grund, warum die Menschen lesen. Nun stellt sich mir die Frage, warum Schüler so wenig lesen und welche Folgen dies für ihre Entwicklung hat.

> 2 ☐ „Wer nicht liest, bleibt dumm" hieß ein kurzer Bericht in der Zeitung, in dem darauf eingegangen wurde, dass die Schüler zu wenig lesen und dies gravierende Folgen für ihre Zukunft und vor allem für ihre weitere Schulbildung hat. Deshalb stellt sich mir die Frage, was die Gründe dafür sind, dass Schüler wenig lesen, und was die Folgen für ihre Entwicklung sein könnten.

> 3 ☐ Im Lexikon steht, dass „lesen" soviel bedeutet wie „etwas Geschriebenes ansehen und erkennen, was der Inhalt davon ist". Wenn es ganz so einfach wäre, dann würden die Schüler sicherlich ganz schnell lesen können. Aber in der Realität ist es ja so, dass das Lesenlernen in der Grundschule oft mühsam ist. Und wenn die Schüler nicht genügend Ausdauer haben, dann kann es auch passieren, dass sie das Lesen nicht oder nur sehr schlecht lernen. Nun wissen wir aber, dass viele Schüler nicht lesen. Haben sie keine Ausdauer beim Lesenlernen gehabt oder gibt es auch noch andere Beweggründe dafür, dass Schüler nicht lesen? Diese Frage stelle ich mir und möchte auch erörtern, welche Folgen es für die Entwicklung der Schüler hat, wenn sie nicht lesen.

✳ b)   Beim Verfassen einer Einleitung müssen folgende Dinge beachtet werden:
✳   1. Es soll zum Thema „Lesen" hingeführt werden.
           2. Beide Aspekte, Gründe und Folgen, müssen angesprochen werden.
           3. Der Dachsatz muss zum Thema passen.
       Was fehlt bei den obigen Einleitungen bzw. was wurde falsch gemacht?

Einleitung 1: _____

_____

Einleitung 2: _____

_____

Einleitung 3: _____

_____

2 **Dies ist ein Teil der Gliederung:**

> I. Gründe für das Leseverhalten von Schülern
>   1. Zu hohe Kosten
>   2. Fehlende Motivation
>   a) keine Motivation im Elternhaus
>   b) keine Motivation seitens der Schule

✳ a) Was für ein Argument ist I.1 und was für ein Argument ist I.2?

I.1 = _____   I.2 = _____

✳ b) Wie oft benötigst du die folgenden Bestandteile bei der Ausformulierung des Arguments I.1? Schreibe Zahlen in die Kästchen!

☐ Behauptungen   ☐ Begründungen   ☐ Beispiele   ☐ Rückführung

✳
✳ c) Hier ist das Argument I.2 ausformuliert. Benenne die einzelnen Teile.
Den Schülern fehlt die Motivation für das Lesen.

_____

Einerseits werden sie im Elternhaus nicht dazu angeregt zu lesen,

_____

weil ihre Eltern selbst nicht lesen.

_____

Wird den Kindern beispielsweise nicht vorgelesen, lernen sie die Welt der Bücher erst sehr spät kennen, vielleicht im Kindergarten, aber spätestens in der Schule, wenn sie selbst lesen sollen.

_____

So lassen die Eltern ihre Kinder aber die Vorfreude auf das eigene Lesen nicht erleben und dementsprechend fällt auch die Motivation gering aus, selbst Geschichten zu lesen.

_____

Darüber hinaus werden die Schüler auch in der Schule immer weniger dazu motiviert zu lesen,

_____

da der moderne Unterricht immer mehr darauf ausgelegt wird, digitale Medien zu nutzen. Lasen die Schüler früher einen Text über das Sterben eines Bienenvolkes, so werden ihnen heute kleine Filme gezeigt, die über dieses Thema informieren.

_____

Somit lernen die Schüler, dass Wissen auch mit den digitalen Medien und ohne das Lesen vermittelt werden kann, und sie entwickeln keine Motivation Informationen aus Texten zu gewinnen.

_____

Das bedeutet, dass die Schüler weder im Elternhaus noch in der Schule dazu angeregt werden zu lesen.

_____

3 **Dies ist ein weiterer Teil der Gliederung:**

> II. Die Folgen für die Entwicklung der Schüler
>   1. geringere Bildung
>   a) schwaches Allgemeinwissen
>   b) eingeschränkte Sichtweise

Formuliere diesen Teil mithilfe der vorgegebenen Argumentationsketten aus!

II._____

_____

1._____

a) schwaches Allgemeinwissen – keine Informationen aus Zeitungen - keine Informationen über Luftverschmutzung durch Diesel-Autos

_____

_____

b) eingeschränkte Sichtweise – Quelle der Informationen sind die Eltern oder Freunde – keine reine Weitergabe von Fakten sondern von Standpunkten– Folge: Keine Entwicklung einer eigenen Meinung

_____

_____

_____

Rückführung: _____

_____

Erörterung mit Material – Das Thema der Erörterung ist:

> Ein neuer Nationalpark in einem Waldgebiet soll in Deutschland entstehen. Erörtere die Beweggründe **für** die Errichtung eines Nationalparks.

Gebietsansprüche von Tieren

1

Beispiele	Einheit	Benötigter Lebensraum
Fischotter	1 erwachsenes Pärchen	bis 1.000 ha
Dachs	1 erwachsenes Pärchen	bis 200 ha
Baummarder	1 erwachsenes Tier	200 - 1.200 ha
Uhu	1 erwachsenes Brutpaar	6.000 - 8.000 ha
Bechsteinfledermaus	1 Kolonie	250 ha
Mausohr	1 Kolonie = 270 Tiere	8.000 ha

2

„Zum Wohle und zur Freude des Volkes und der zukünftigen Generationen!"

Auszug aus der Eröffnungsrede im Yellowstone Nationalpark, 1872, 1. Nationalpark der Welt

3

Wir wollen einen Nationalpark ...

… in dem unsere Natur mit ihrer ganzen Artenvielfalt sich wieder frei entwickeln darf.

… in dem wir noch besser wandern und die Natur genießen können.

… in dem unsere Buchen, Eichen und alle anderen Bäume wieder alt werden. […]

… der unseren Spessart als Tourismusregion stärkt.

… der uns und unseren Kindern eine bessere Zukunft ermöglicht.

www.freunde-des-spessarts.de, 25.2.2018 (Aufruf)

4

Beiträge aus einem Blog:

ANI54 schreibt: Ich habe das im Naturpark Bayerischer Wald erlebt, was „Naturschützer" in ihrer verbohrten Ideologie anrichten. Aus diesem seit Jahrhunderten wunderschönen, bewirtschafteten Waldgebiet mit den alten Tannen (Heimat meiner Urgroßmutter) haben die in 20 Jahren einen Müllplatz mit lauter kaputten Pflanzen gemacht und rühmen sich noch, dass sie nun der Natur Platz geben.

FRANZ D. schreibt: Das ist Enteignung des eigenen Lands!

JO54 schreibt: Kein Holzschlag, keine Veränderung an bestehende Gebäuden, Übergriff der Borkenkäfer auf anliegende Privatwälder, warum soll ich für den Nationalpark stimmen?

ANDY schreibt: Mein Vater ist mit mir und meinem Bruder immer zum Zelten in den Wald gegangen. Dieses Abenteuer kann ich meinen Jungs nun nicht mehr bieten.

5

Nein zum Nationalpark!

Keine Holznutzung möglich	Ausbau der Wanderwege führt zu Schneisen im Wald	Wildverbiss in anliegenden Waldgebieten des Nationalparks	Betretungsverbot des Waldes für den Menschen abseits der Wege

6

Neue Nutzungsmöglichkeiten des Waldes:

- Bestattungswald
- Verpachtung von Waldstücken an Firmen, die somit ihren Beitrag zum Umweltschutz leisten, natürlich mit Verzicht auf die Holznutzung

7

Leisten auch Sie Ihren Beitrag zum Umweltschutz, indem Sie bitte nicht …

Broschüre: Nationalpark Berchtesgaden

können

8 | **Nein zum Nationalpark!**

Tourismus	Förderung der heimischen Industrie	Staatliche Förderungen	Arbeitsplätze
Naturhistorische Sehenswürdigkeiten ziehen Touristen an.	Ausbau für den Tourismus (Baumwipfelpfad, Erlebnispfad, Hotels, Gastronomie)	für Informationshäuser, Ausbau der Wander-, Rad-, Reit-, Kutschenwege, Ausbau des öffentlichen Nahverkehrs	Nationalparkverwaltung, Ranger, Besucherinformation und Bildungsarbeit, Tourismus, Baugewerbe

9

Der Nationalpark bezweckt
1. die gesamte Natur zu schützen,
2. die natürlichen und naturnahen Lebensgemeinschaften sowie einen möglichst artenreichen heimischen Tier- und Pflanzenbestand zu erhalten, wissenschaftlich zu beobachten, zu erforschen und, soweit dies bei Wahrung der Eigentumsrechte und bei Erhaltung der Schutzfunktion möglich ist, einer natürlichen Entwicklung zuzuführen.
3. das Gebiet der Bevölkerung zu Bildungs- und Erholungszwecken zu erschließen, soweit es der Schutzzweck erlaubt.
Vertikale Wildnis, 2/2017, Seite 12 http://www.nationalpark-berchtesgaden.bayern.de/medien/publikationen/nationalparkzeitung/doc/npz_nr_31-2017.pdf (Aufruf am 20.4.2018)

10

Referatsnotizen:
„Das geheime Leben der Bäume" – Peter Wohlleben

Alte Bäume:
• Wohnort für viele Tiere: Spechte, Uhus, Fledermäuse, Käfer
• Je älter die Bäume sind, desto mehr CO_2 aus der Luft können diese aufnehmen.

Artenvielfalt:
• Nach einer Abholzung eines Waldes benötigt dieser mehr als 100 Jahre, bis sich alle Organismen wieder angesiedelt haben, die für einen gesunden Wald benötigt werden.

Totholz:
• Bildung von echten Waldböden ist nur in geschützten Wäldern möglich: Die Population von Bakterien und Pilzen im Boden ist nicht vollständig, wenn Totholz fehlt, Bäume sind anfälliger bei Trockenheit und Schädlingsbefall
• Abgestorbene Bäume müssen im Wald verbleiben, denn sie sind wichtig für das Ökosystem Wald: sie nehmen Wasser auf, so dass der Wald bei Starkregen mehr Wasser speichern kann und es nicht zur Bodenerosion kommt.

Vorteile für den Wasserhaushalt im Nationalpark:
• Der Boden wird normalerweise durch die Forstmaschinen zu sehr verdichtet, so dass das Wasser nicht einsickern kann. In einem Nationalpark gibt es keine Forstmaschinen.
• Das Regenwasser gelangt im Nationalpark gut gefiltert ins Grundwasser, ohne Düngemittel und Gülle.

1 **Analysiere das Thema. Kreuze die richtige Lösung an.**

✳ a) Handelt es sich um ein ☐ eingliedriges, ☐ zweigliedriges oder
☐ dreigliedriges Thema?

b) Die Schlüsselwörter sind: ☐ neuer ☐ Nationalpark ☐ Deutschland
☐ erörtern ☐ Beweggründe ☐ für ☐ Errichtung

2 **Welche der zehn Materialien kannst du für deine Erörterung brauchen?**

✳

_____

3 **Formuliere deine Einleitung. Führe zum Thema hin, benutze das rechts**
✳ **unten stehende Material und verwende einen passenden Dachsatz.**
✳

_____

_____

_____

_____

> „Zum Wohle und zur Freude des
> Volkes und der zukünftigen Genera-
> tionen!"
> Auszug aus der Eröffnungsrede im Yellowstone
> Nationalpark, 1872, 1. Nationalpark der Welt

_____

_____

4 **So steht das erste Argument in der Gliederung:**

✳ B. (Dachsatz)

✳ I. Schutz der Wildtiere

1. Entwicklung der Artenvielfalt

2. Erschaffung von Lebensraum

Hier fehlen die Überleitung vom Dachsatz zum ersten Argument und die
Verknüpfungen zwischen den Sätzen. Setze das Fehlende in die Lücken ein.
– Das erste Argument für die Errichtung eines Nationalparks wurde folgender-
maßen ausformuliert:

_____

_____

Die Errichtung des Parks ermöglicht den effektiven Schutz einiger einhei-

mischer Wildtiere. _____ wird die Artenvielfalt aufrechterhalten, _____

sich die Tiere im Schutzgebiet so entwickeln können, wie sie möchten, ohne

dass der Mensch eingreift. Es darf im Nationalpark nicht gejagt werden, sodass

könen

sich _____ der Biber nicht fürchten muss, von Pelzjägern erlegt zu werden. _____ sind Wanderungen nur auf bestimmten Wegen erlaubt, so dass _____ die Wildkatze genügend Raum für ihren Rückzug hat. _____ bietet der Park den Tieren genügend Lebensraum, _____ große, zusammenhängende Flächen werden zum Schutzgebiet erklärt. Ein Fischotterpärchen benötigt _____ bis zu 1.000 Hektar Lebensraum, um artgerecht zu leben. Ein erwachsenes Uhupärchen braucht sogar 6.000 bis 8.000 Hektar Platz, um ungestört zu jagen und seinen Nachwuchs aufzuziehen. (siehe M 1) Der Nationalpark fördert also _____ die Lebensqualität der Tiere, _____ _____ die der Menschen.

5 **Dies ist das zweite Argument in der Gliederung:**

✳ II. Erhöhung der Lebensqualität der Menschen
✳ 1. Schutz vor Überschwemmungen (Material 10 – Totholz)
2. Schutz des Trinkwassers (Material 10 - Wasserhaushalt)
3. Reinigung der Luft (Material 10 – alte Bäume)

Hier soll das angegebene Material verwendet werden. Füge es als Beispiel in die Argumente ein.

Die Lebensqualität der Menschen wird insofern erhöht, dass der Wald den Menschen vor Überschwemmungen schützt, da der Boden eines unbewirtschafteten Waldes viel Wasser speichern kann.

_____
_____

Darüber hinaus kann der Wald die Trinkwasserqualität positiv beeinflussen, denn der saubere Boden des Waldes nimmt das Wasser auf und filtert es zudem noch.

_____
_____

Und schließlich trägt der Wald mit seinen Bäumen dazu bei, dass die Luft sauberer wird, da die Bäume das CO_2 in Sauerstoff umwandeln können.

_____

_____

_____

/3

Der Wald im Nationalpark kann also dazu beitragen, dass er dem Menschen zu einer verbesserten Lebensqualität verhilft.

6 ✳ ✳ ✳ **Formuliere das dritte Argument anhand der Gliederung selbst aus und verwende das in der Gliederung angegebene Material.**

III. Wirtschaftliche Beweggründe (Material 8)

1. Einnahmen aus dem Tourismus
2. Schaffung von neuen Arbeitsplätzen

II._____

_____ 1/

1. _____

_____

_____

_____ 3/

Folge: _____

_____ 1/

2. _____

_____

_____

_____ 3/

Rückführung: _____ 1/

_____

/9

können

/5

/5

/3

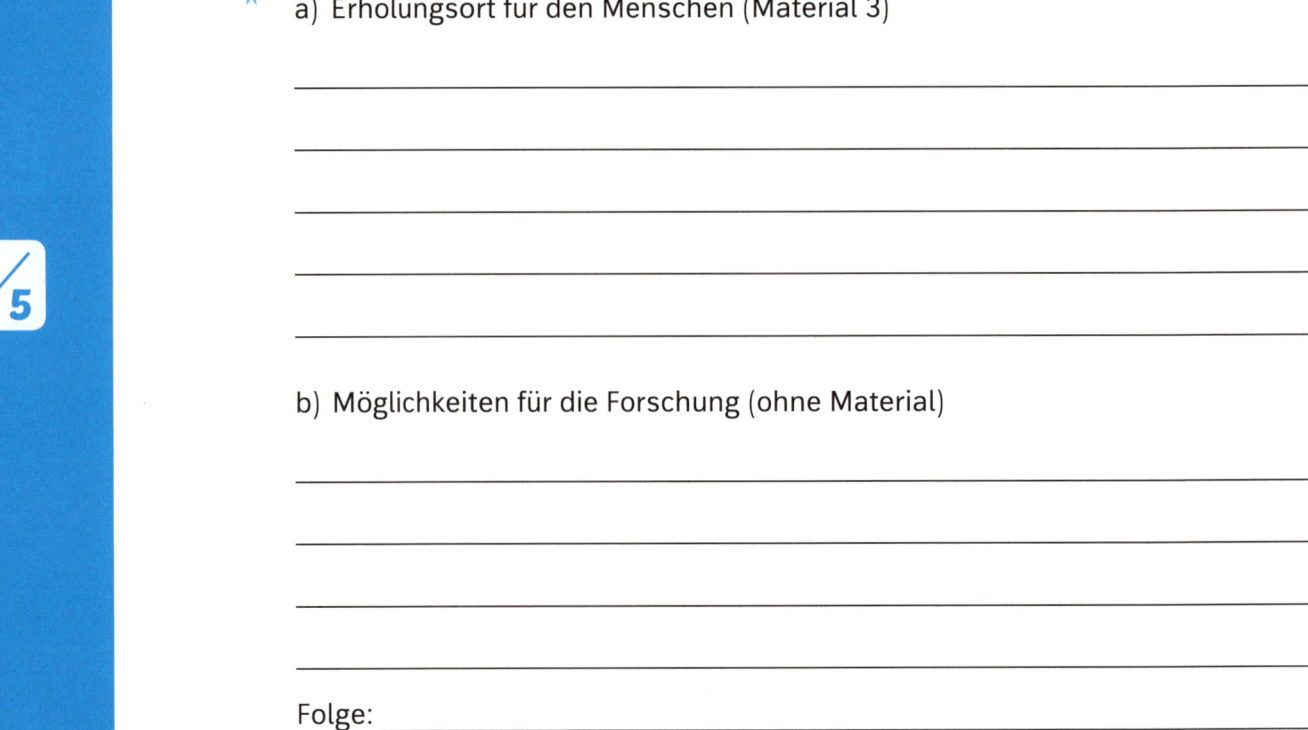

7 Formuliere zwei einfache Argumente zu den folgenden Oberpunkten.
✳ Beachte dabei unbedingt den richtigen Aufbau: Behauptung, Begründung,
✳ Beispiel, Rückführung
✳
a) Erholungsort für den Menschen (Material 3)

_____

_____

_____

_____

_____

b) Möglichkeiten für die Forschung (ohne Material)

_____

_____

_____

_____

Folge: _____

_____

_____

8 Formuliere einen Schluss. Erwähne zwei wichtige Argumente noch einmal
✳ mit anderen Worten und führe einen Grund an, warum die Errichtung des
✳ Nationalparks auch problematisch sein könnte. Schreibe in dein Heft.

Gesamt:

/ **52**

Erörterung – Das Thema der Erörterung lautet:

> „Leben ist entweder ein unglaubliches Abenteuer – oder gar nichts" – In den letzten Jahren werden extreme Freizeitbeschäftigungen im Fernurlaub immer gefragter, es passieren aber auch immer häufiger Unfälle. Erörtere die Gründe für diesen Trend und die Nachteile.

Gliederung:

	Gestern bekam ich einen neuen Reisekatalog zugeschickt.
I	Gründe für die Beliebtheit extremer Freizeitbeschäftigungen
	Motive für soziales Miteinander
	Individuelle Motive
	Nachteile extremer Freizeitbeschäftigungen
	Nachteile für den Einzelnen
	Nachteile für die Umwelt
	Nervenkitzel im Urlaub ist keine Erholung.

1 **Verfasse einen Dachsatz und füge ihn an die richtige Stelle in der Gliederung ein.**

  /5

2 **Verfasse eine Gliederung.**

a) Nummeriere die Gliederung. Nutze das vordere Kästchen.

  /10

b) Ordne den Oberpunkten die jeweiligen Behauptungen aus dem Wortspeicher auf der nächsten Seite zu. Halte die Reihenfolge ein und formuliere die Behauptungen im Nominalstil.

  /12

können

/5

Behauptungen:
Gründe für die Beliebtheit:
Man erlebt eine Gemeinschaft mit Gleichgesinnten.
Man hat richtig viel Spaß.
Meine Freizeitbeschäftigung wird von Reiseveranstaltern organisiert.
Extreme Freizeitbeschäftigungen sind ein angenehmer Ausgleich zum Alltag.
Man testet die eigenen Grenzen aus.
Man bekommt Selbstbestätigung.

Nachteile:
Man überschätzt seine Fähigkeiten leicht.
Man kann sich leicht verletzen.
Man erholt sich nicht richtig im Urlaub.
So eine Freizeitbeschäftigung ist teuer.
Eine Flugzeuganreise belastet die Umwelt.
Empfindliche Ökosysteme werden gestört.

3 **Verfasse eine Einleitung für diese Erörterung. Das Thema des einleitenden Gedanken ist schon in der Gliederung vorgegeben. Denke daran, beide Seiten anzusprechen, zum Dachsatz überzuleiten und den Dachsatz zu nennen. Schreibe in dein Heft.**

4 **Die Erörterung soll nun ausformuliert werden. Beginne mit dem Gliederungspunkt I.**

a) Ergänze die fehlenden Teile in der Ausformulierung.

Zunächst komme ich zu _____

_____ .

Da wären zunächst die Motive für ein soziales Miteinander zu erwähnen.

Während eines Urlaubs _____

_____ , weil nur die Personen eine solche
Reise buchen, die ähnliche Hobbys haben und körperlich fit sind. Bucht man
beispielsweise eine Trekkingtour durch Peru, so trifft man sicherlich sportliche
und auch naturbegeisterte Menschen, die an dieser Art von Urlaub ihre Freude
haben. (Formuliere ein zweites Beispiel – Wüstendurchquerung mit dem Jeep)

_____

_____

_____

_____

Auch _____ ,
da das Erleben vielfältiger Abenteuer in der Gruppe viel intensiver ist und viel Gesprächstoff liefert.
(Formuliere ein passendes Beispiel: Flussüberquerung mit gemeinsam gebauten Floß – Folge: Intensivierung des Erlebnisses)

_____

_____

_____

_____

Folglich ist diese Art des Reisens immer auch eine Suche nach einem Gruppenerlebnis mit Gleichgesinnten.

/6

✱
✱ b) Benenne in der Ausarbeitung der Erörterung die unterstrichenen Teile.

> Wichtiger sind dennoch die individuellen Motive, wenn es darum geht, eine solche Reise zu buchen.
> Man muss kaum etwas selbst organisieren, wenn man eine solche Reise bucht, (1) denn der Reiseveranstalter übernimmt die Organisation von Anreise, Unterkunft, Verpflegung und Aktivitäten. Möchte man beispielsweise im Urlaub Bungeespringen, so ist die Location schon ausgesucht, das Equipment vorhanden und der Transfer dorthin organsisiert. (2) Man kann sich also ganz gemütlich auf den Nervenkitzel freuen.
> Auch ist so eine Urlaubsbeschäftigung eine angenehme Abwechslung zum Berufsalltag, weil man in Bewegung ist sowie neue Umgebungen und Aktivitäten kennen lernt, die man zu Hause nicht tagtäglich macht. (3) Eine Kanuwanderung durch die Everglades ist beispielsweise etwas sehr Ungewöhnliches, denn die Eindrücke, die man in dieser Umgebung sammelt, sind ganz andere als zu Hause, sodass man nach dem Urlaub seinen eigenen Horizont wesentlich erweitert und Neues dazugelernt hat. (4)
> Aber nicht nur die Eindrücke, sondern auch die Herausforderungen sind anders als zu Hause. (5)

(1) _____   (2) _____

(3) _____   (4) _____

(5) _____

/5

✱
✱ c) Formuliere die letzten zwei Argumente, die die Gründe angeben, aus. Ver-
✱   wende folgende Argumentationsketten:
Grenzen testen – für Abenteuer benötigt man Kraft, Orientierung, Ausdauer - Kanutour

_____

/7

_____

_____

_____

Selbstbestätigung – Aufgabe bewältigt, inneren Schweinehund besiegt – Kurs im Fallschirmfliegen – Wille ist stark genug, um Angst du überwinden

_____

_____

_____

_____

5 **Das ist die mögliche Ausformulierung eines Schluss**

> Nervenkitzel im Urlaub ist für mich keine Erholung und womöglich bin ich so überfordert, dass ich mir wünsche, schnellstmöglich nach Hause zu kommen, denn nicht jeder ist beispielsweise für den Dschungel geboren und freut sich darauf, irgendwelche Insekten zu essen, damit er überlebt.
> Ich stimme dennoch darin überein, dass besondere Erlebnisse den Urlaub zur schönsten Zeit des Jahres machen, aber für mich muss es nicht eine extreme Freizeitbeschäftigung sein, die zudem noch der Umwelt schadet oder bei der ich mich verletze. Man kann auch kleine Abenteuer in Europa erleben, so dass man den Alltag vergisst, sich dennoch gut erholt und nicht überfordert ist.

✳ a) Welchen Standpunkt vertritt der Verfasser?

_____

✳ b) Was ist die Kompromisslösung, die er am Ende vorschlägt?

/2

_____

Gesamt:

 **52**

Anhang

Die sprachlichen Mittel von Texten

Wortwahl	Beispiel	Erklärung/Verwendung im Text	Wirkung (hier immer auf den Text eingehen)
aussagekräftige Adjektive	das rostige, klappernde und quietschende Fahrrad	Anhäufung von Adjektiven vor einem Nomen	Der Leser soll eine genaue Vorstellung von … bekommen.
aussagekräftige Verben	die Lok stampfte durch die Nacht	ungewöhnliches Verb, man kann sich etwas Zusätzliches vorstellen	Betonung einer Aktion
Fachbegriffe	Radlager, Rücktrittbremse	Begriffe aus einem bestimmten Fachbereich (bei den Beispielen aus der Zweiradtechnik)	Der Autor kennt sich in dem Fachbereich … aus und ist kompetent.
Fremdwörter (diese sind häufig gleichzeitig Fachbegriffe)	Fracking, Geografie	Begriffe aus einer anderen Sprache	Der Autor wirkt gebildet. Der Text spricht eine bestimmte Lesergruppe an.
Umgangssprache	He, Alter!	Begriffe aus der gesprochenen Sprache	Der Text wirkt authentisch.
Schimpfwörter	Dumme Kuh! Blödmann!		Der Text wirkt authentisch.
Zahlen	960 Euro, 20 %, 5-malige	Anhäufung von verschiedenen Zahlen	Zahlen als Beleg für Behauptungen wirken glaubhaft.

Stilmittel	Beispiel	Erklärung/Verwendung im Text	Wirkung (hier immer auf den Text eingehen)
Alliteration	**M**ilch **m**acht **m**üde **M**änner **m**unter.	aufeinander folgende Wörter beginnen mit demselben Anfangsbuchstaben	Betonung, Hervorhebung von …
Anapher	**Sie erwartete** ein Zugeständnis. **Sie erwartete** Hilfe.	Wiederholung gleicher Satzanfänge	Wiederholung gleicher Satzanfänge
Hyperbel/Übertreibung	todmüde, ein Berg Arbeit	übertriebene Darstellung	Die Übertreibung kann verschiedene Wirkungen haben: Lebendigkeit, Witz, aber auch Unglaubwürdigkeit.
Ironie	„Prima, deine Sechs in Deutsch!"	man meint das Gegenteil vom Gesagten	macht einen Text lustig, verschleiert die Wahrheit, will Kritik an … üben
Metapher	ein Buch verschlingen	Ausdruck mit übertragender Bedeutung	macht … lebendig / lustig, hebt … hervor

verstehen

Stilmittel	Beispiel	Erklärung/Verwendung im Text	Wirkung (hier immer auf den Text eingehen)
Neologismus	Asylantragsstau	Wortneuschöpfung	erheiternde Wirkung, regt zum Nachdenken über … an
Personifikation	Vater Staat, der Mond weint	Gegenstände oder Ideen/Vorstellungen werden sprachlich zu Personen	macht den Text lebendig und hebt … hervor
Rhetorische Frage	Wer ist schon perfekt?	Frage, bei der die Antwort feststeht	regt zum Mitdenken an, der Leser fühlt sich angesprochen
Vergleich	Haare wie Gold	„wie"	… ist anschaulicher
Wiederholungen	Ich könnte schreien, schreien, nur noch schreien!		… wird betont

Satzbau	Beispiel	Erklärung/Verwendung im Text	Wirkung (hier immer auf den Text eingehen)
Aufzählung	Sie trampelten, sprangen und hüpften herum. Schüler, Lehrer, Eltern und Politiker protestieren.		Viele Informationen werden auf wenig Raum wiedergegeben/oder/Anschaulichkeit von …
Ausruf	Auch ein langweiliger Abend geht vorbei!		Gefühlsbetonung von …
Ellipse	Kein Strom!	unvollständiger Satz, kein Verb!	Hervorhebung des Inhalts, Dringlichkeit
Fragen	„Wo bist du?", fragte er	Fragen, die in einem Dialog vorkommen	Der Text wird lebendig.
Parenthese	So bitte ich dich – nur dieses eine Mal – um deine Hilfe. Nur eines ist ganz gewiss: Er ist tot.	Einschub eines Satzes, meist mit Gedankenstrich oder nach einem Doppelpunkt	Hervorhebung des Einschubs oder des Textes nach dem Doppelpunkt
einfache Hauptsätze	Sie ging in die Küche. Sie öffnete das Fenster. Sie sah hinaus.	Aneinanderreihung von mehreren kurzen Hauptsätzen.	Die Handlungen wirken nicht miteinander verbunden.

Textsorten

Die Meldung und die Nachricht

Eine **Meldung** ist die **kürzeste Form** eines journalistischen Zeitungstextes. Sie gibt nur den Kern eines **aktuellen Ereignisses** in aller Kürze wieder. Oft **verweist** sie auf Berichte, Reportagen oder Kommentare, die in derselben Zeitung ebenfalls zu diesem Thema berichten. Eine **Nachricht** erhält darüber hinaus noch **weitere wichtige Informationen**, die in ihr **sachlich** und **wahrheitsgetreu** wiedergeben werden.

Der Bericht

Der Inhalt

Ein Bericht beschäftigt sich inhaltlich immer mit **aktuellen, konkreten Ereignissen, Tatsachen oder Verhaltensweisen**. Das Thema ist also klar umrissen. Auch hier werden die Informationen **sachlich**, **objektiv** und **wahrheitsgetreu** wiedergeben, hinzu kommt aber die ausführlichere Information über alle **Einzelheiten** des Geschehens und er liefert oft auch **Hintergrundinformationen**.

Der Aufbau

Der Aufbau eines Berichts lässt sich anhand eines **Nachrichtendreiecks** veranschaulichen.

Dieses Nachrichtendreieck zeigt, in welcher **Reihenfolge** die Informationen genannt werden sollen. Die Schlagzeile informiert in knapper Form über den Kern der Nachricht. Das

Die Schlagzeile — Worum geht es?

Die wichtigsten Informationen — Die Beantwortung der Fragen: Wer? Was? Wann? Wo?

Einzelheiten — Wer noch? Wo und wann genau? Wie? Warum? Womit?

Der Hintergrund /die Vorgeschichte — Was passierte zuvor? Was ist noch wissenswert?

ist vergleichbar mit der Meldung. Danach folgen die wichtigsten Informationen über das Ereignis etwas ausführlicher. Bis hierher ist der Text vergleichbar mit einer Nachricht. In einem dritten Schritt werden die Einzelheiten genauer beschrieben und zuletzt, in einem vierten Schritt, kann die Vorgeschichte zusammengefasst oder können Hintergrundinformationen genannt werden.

Das Layout

Die äußere Gestaltung des Zeitungsberichts lässt sich folgendermaßen beschreiben:

- Die **Schlagzeile** ist fett- und groß gedruckt und hebt sich vom übrigen Text ab.
- Die Unterüberschrift (Untertitel) und der **Vorspann** (Lead) sind fast immer etwas kleiner gedruckt und dienen als Kurzinformation für den Leser.
- **Spalten** und **Absätze** gliedern den Lauftext.
- Es kann **Zwischenüberschriften** geben, die zur Übersichtlichkeit beitragen.
- **Illustrationen** (Grafiken, Fotos, Zeichnungen, ...) können den Inhalt veranschaulichen und sind meist mit einer Bildunterschrift versehen.
- Der **Autor** wird meist mit einem Kürzel genannt oder die Quelle des Textes ist eine **Presseagentur**.

Die Reportage

Der Inhalt

Das Thema einer Reportage ist inhaltlich **kaum einzuschränken**. Es ist ein Text, der ein Thema von vielen Seiten beleuchtet und **informieren** will. Dabei soll **anschaulich** über ein **aktuelles Geschehen** oder eine **Person** berichtet und die Atmosphäre dort eingefangen werden. Es kann aber auch sein, dass der Autor über einen Sachverhalt schreibt, der ihn **persönlich interessiert** und über den er recherchiert hat. Neben der Information integriert der Autor auch **persönliche Erlebnisse**, **spannende Schilderungen** und **objektive Beschreibunge**n. In dieser

Textsorte verbinden sich also der Tatsachenbericht, die Befragung von Experten vor Ort und die Hintergrundinformationen.

Der Aufbau

Auch der Aufbau einer Reportage ist leicht zu erkennen. Sehr häufig beginnt sie mit einem **Zitat**, einem **Erlebnisbericht** oder einer persönlichen, sehr **detaillierten Schilderung (Zoomtechnik)**, die zum Thema hinführt.

Im Folgenden wechseln sich **persönliche Darstellungsformen** (Schilderungen und Erzählungen) mit **sachlichen Darstellungsformen** (Hintergrundinformationen und Beschreibungen) ab.

Häufig werden deshalb auch **Augenzeugen**, **Experten** oder **Betroffene** zum Thema befragt, sodass über das Ereignis nicht nur aus der Sicht des Autors, sondern auch aus der Sicht anderer berichtet wird. Das nennt man **Perspektivwechsel**. Im **Schluss** endet die Reportage dann meist wieder mit einem Zitat, einem konkreten Beispiel oder einem Erlebnis.

Das Layout

Die äußere Gestaltung der Reportage ähnelt der des Zeitungsberichts. Allerdings wird in jedem Fall der Name des Autors vollständig genannt.

Der Kommentar

Der Inhalt

Der Kommentar ist inhaltlich eine **persönliche** und **subjektive Stellungnahme eines Journalisten** zu einem **aktuellen Tagesereignis** aus **allen Bereichen**, das **dem Leser bekannt** ist. In dem Kommentar werden die aktuellen Ereignisse **erläutert**, **gedeutet** und **bewertet**. Schließlich will der Autor zu einem besseren Verständnis oder zu einer Meinungsbildung beitragen.

Der Aufbau

Der Aufbau ist **dreigeteilt**. Oft beginnt der Autor den Kommentar mit einer **prägnanten These** oder eine **Redewendung** und fasst den Inhalt des Themas, auf das sich der Kommentar bezieht, zusammen. In einem zweiten Schritt erklärt der Autor die **Zusammenhänge** und stellt die **Hintergründe** aus seiner Sicht dar. Er bewertet also das Problem und versucht **seine Meinung** zu begründen. Der Kommentar endet dann mit einer **Schlussfolgerung**, einer **Kritik** oder einer **Prognose**. Häufig äußert der Autor auch einen **Appell** an die Leser.

Die Sprache

Sprachlich ist der Kommentar anspruchsvoller als die vorher erwähnten journalistischen Textsorten. Häufig werden **Fremdwörter** und **Fachbegriffe**, **sprachliche Bilder** oder **Ironie** als Stilmittel verwendet. Er kann sachlich, aber auch aggressiv formuliert sein.

Das Layout

Der Kommentar hat meist einen festen Platz in der Zeitung oder Zeitschrift. Er wird optisch hervorgehoben, damit man ihn nicht mit den anderen Textsorten verwechseln kann. Zudem wird auf ihn auch textlich hingewiesen: „Meine Meinung", „Leitartikel" oder „Kommentar". Der Autor wird namentlich genannt. Karikaturen ergänzen den Kommentar oftmals.

1 Zu einem Bild erzählen

Test 1: Vorarbeiten   Seite 12

1 Einen Steg am Wasser, im Hintergrund Büsche

Es ist sonnig, aber wohl nicht sehr warm. Es könnte irgendwann zwischen Mai und September sein.

(Das Mädchen hat zwar einen Fuß im Wasser, aber eine Jacke dabei.)

Das Mädchen ist ca. 16 Jahre alt, lässig gekleidet, geht zur Schule, man sieht die Schultasche und sie raucht.

Ruhig, nachdenklich, entspannt. (Sie raucht und schaut auf ein unbestimmtes Ziel.)

2 Sie sieht das Wasser des Sees, die Büsche, den Zigarettenrauch, vielleicht auch andere Menschen am See.

Sie hört die Wellen am Steg, vielleicht auch Lärm von anderen Menschen, von der Straße, von Booten.

Sie fühlt die Sonne auf ihrem Rücken, die harten Holzbretter unter ihren Beinen, den Rauch der Zigarette in den Augen.

Test 2: „Zeichnende junge Frau"
                               Seite 13 – 15

Der Salon
- öffentliche Bilderausstellung in Paris
- 1725 gegründet
- zunächst alle zwei Jahre, später jedes Jahr
- ursprünglicher Ausstellungsraum war der „Salon carré" im Königsschloss, dem Louvre in Paris
- später in neuen Räumen im Louvre
- alle Künstler konnten sich bewerben
- Die Jury bestand aus Mitgliedern der berühmten französischen Kunstakademie
- 2000 bis 4000 Kunstwerke wurden gezeigt
- die Werke hingen alphabetisch nach Künstlern geordnet an hohen Wänden in Reihen übereinander

Marie-Denise Villers
- geboren 1774 in Paris
- gestorben 1821 in Paris
- zwei Schwestern, davon war eine Schwester, Victoire Lemoine, sehr erfolgreich
- Eltern waren der Kunst zugewandt
- erhielt Malunterricht bei Anne-Louis Girodet-Triosons, François Gérard und Jacques-Louis David
- 1799 erstmals im Salon vertreten
- Klassizistische Prägung der Gemälde
- 1801 entstand „Zeichnende junge Frau", ihr Hauptwerk

- 1814 entstand ihr letztes Werk

Marie-Denise Villers, 1774 – 1821
Zeichnende junge Frau, 1801
Öl auf Leinwand, 161,3 x 128,6 cm
The Metropolitan Museum of Art, New York
Das Gemälde wurde ihr erst 1996 zugeschrieben. Zuvor hielt man es für ein Gemälde des Malers Jacques-Louis David.

Lieber Schüler, willkommen in der Ausstellung über die französischen Meisterwerke des 19. Jahrhunderts. Heute will ich dir eines meiner Lieblingsgemälde zeigen. Es heißt „Zeichnende junge Frau" und wurde von Marie-Denise Villers 1801 gemalt. Du hast ganz richtig gehört, dieses Gemälde wurde von einer Malerin geschaffen. Marie-Denise wurde 1774 in Paris geboren und bekam, wie auch ihre zwei Schwestern, eine Ausbildung zur Malerin. Weißt du, das war für die damalige Zeit ungewöhnlich, denn normalerweise wurden junge Frauen verheiratet und mussten vorher lernen, wie man einen Haushalt führt. Malunterricht erhielten nur die Herren. Marie-Denise war mit ihrer Malerei auch erfolgreich, denn sie durfte 1799 erstmalig im Salon ausstellen.

Die Künstler mussten sich für einen Ausstellungsplatz im Salon (benannt nach dem alten „Salon carré" im Louvre in Paris, in dem die ersten Kunstausstellungen stattfanden) bewerben. Das lief ungefähr so ab, wie bei einem Malwettbewerb. Die Künstler malten ihre Bilder, schickten sie ein und die Mitglieder der französischen Kunstakademie wählten dann die besten aus. Stell dir vor, in der jährlichen Ausstellung wurden zwischen 2.000 und 4.000 Bilder gezeigt! Sie hingen alphabetisch geordnet an hohen Wänden in mehreren Reihen übereinander.

Marie-Denises Gemälde hatten große Erfolge im „Salon". So auch das Bild „Zeichnende junge Frau", das eine junge, malende Frau in einem fast leeren Raum zeigt. Ist die junge Frau vielleicht sogar sie selbst? Hat sie somit ein Selbstporträt geschaffen? Betrachtest du die junge Zeichnerin näher, so fällt dir vielleicht auf, dass ihr hochgestecktes Haar von hinten beschienen wird. Es wirkt fast so, als hätte sie einen Heiligenschein. Und auch die goldene Haarnadel glänzt im Sonnenlicht, das durch das hinter ihr liegende Fenster in den Raum fällt. Ist sie vielleicht ein Engel? Auch ihr weißes, langes Kleid, das ein rosafarbenes Taillenband hat, hat Ähnlichkeit mit einem Engelskostüm. Aber wahrscheinlich waren diese Kleider damals in Mode.

Die junge Frau sitzt auf einem Stuhl und hat ihre Zeichenmappe auf dem Schoß. Konzentriert schaut sie auf etwas, was wir nicht sehen können. Wen oder was porträtiert sie? Was meinst du? Vielleicht ihren kleinen Bruder, der gerade im Zimmer spielt und auf den sie aufpassen muss? Das ist bestimmt gar nicht so leicht, denn kleine Kinder sitzen nicht still. Sie spielen viel lieber mit einem Ball. Das könnte auch die kaputte Scheibe im Fenster erklären. Durch diese Scheibe sieht man in der Ferne ein Paar, das auf einer Terrasse nah beieinander steht. Ist es ein Liebespaar? Was denkst du? Sie scheinen sich miteinander zu unterhalten und bemerken die Künstlerin hinter dem Fenster gar nicht.

Es ist ein interessantes Bild, nicht? Es wirkt auf den ersten Blick so ruhig und friedlich, aber durch das fehlende Motiv für die Zeichnung der Malerin, die zerbrochene Fensterscheibe und das Liebespaar auf der Terrasse birgt es Geheimnisse, die wir gerne erkunden würden. Lange Zeit hatte man gedacht, dass ein Mann, nämlich Jacques-Louis David es gemalt hätte. Das war damals ein sehr erfolgreicher Maler. Frauen durften nämlich nur Unterricht im Malen nehmen und nicht an der Akademie der Künste studieren. Und dieses Gemälde war so erfolgreich, das traute man damals keiner Frau zu. Also konnte Marie-Denise genauso gut malen, wie ein studierter Mann. Das ist doch ein großes Lob, nicht?

Klassenarbeit Nr. 1   Seite 16 – 19

1 Anzukreuzen waren:
– Rahmenerzählung
– Ich-Form
– unmittelbarer Einstieg

Beispiellösung:
Prüfe deine Lösung selbstkritisch. Ziehe dir für jeden erkannten Fehler einen Punkt ab.
Kernsatz Einleitung: Ein Mädchen sitzt rauchend auf einem Steg am See und ihre Gedanken kreisen.
Die Ich-Erzählerin und ihre Freundin Katrin bereiten sich auf den Besuch einer Party vor, die ihr Klassenkamerad Max gibt.
Auf der Party tanzen die beiden Mädchen und die Ich-Erzählerin bemerkt einen Jungen, der zu ihr hersieht.
Die Ich-Erzählerin berichtet ihrer Freundin von ihrer Beobachtung und kurz bevor sie gehen muss, erfährt sie, dass er Erik heißt.
Am nächsten Morgen treffen sich beide im Bus und Katrin erzählt, dass Erik sie nach Hause begleitet hat.
Die Ich-Erzählerin lässt ihre Freundin im Bus stehen und steigt aus.
Höhepunkt: Katrin erzählt, dass sie mit Erik nach Hause gegangen ist.

Anzukreuzen war:
Abrundung des Geschehens

Beispiellösung:
Prüfe deine Lösung selbstkritisch.
Die Ich-Erzählerin beschließt in die Schule zu gehen und Katrin aus dem Weg zu gehen.

2 Anzukreuzen waren:
See, Steg, Rücken, Büsche, Zigarette

3 Wellen plätschern
kaum Straßenlärm
Morgensonne auf dem Rücken

4 a) …meine Gedanken schwirren wie die Mücken über dem See durch meinen Kopf und stechen immer wieder in meine empfindlichen Erinnerungen. Ich möchte diese Gedanken wie lästige Mücken verscheuchen, …
b) Sie werden mit Mücken verglichen.

5 Die roten Fingernägel sind Auslöser.

6 (1) machten wir uns dann auf den Weg
(2) eingeladen
(3) nippte
(4) ertönte
(5) bemerkte
(6) blickte unauffällig
(7) beobachtete mich beim Tanzen
(8) glauben

7 Kathrin: Warum steigt sie denn so plötzlich aus? (Frage) Habe ich etwas Falsches gesagt? Weg ist sie! Nicht einmal umschauen tut sie sich. Was ist denn los? (Frage) Ich wollte ihr doch nur erzählen, dass Erik (Textbezug) ein ganz toller Typ ist. Mein Geschmack ist er nicht. Außerdem hat er den ganzen Abend nur von ihr geschwärmt, wie toll sie tanzt (Textbezug), wie toll ihre Frisur ist, wie nett sie lächelt. Es ging nur um sie, sie, sie! Und dann lässt sie mich hier wie einen vergessenen Regenschirm stehen. (Gefühl) He! (Ausruf) Was soll das! Ich bin doch deine Freundin!

42 – 35 Punkte	34 – 22 Punkte	21 – 0 Punkte
Super!	In Ordnung!	Bitte noch einmal üben!

2 Inhaltszusammenfassung

Test 1: Vorarbeiten   Seite 26 – 27

1 Illustrationen, Titel, zügig, Satz, Kontext, Sinnabschnitte, Handlung, Person, Ort, Sinnabschnitte, Schlüsselwörter

2 Die Textsorte, den Titel, den Autor, die Quelle

3 Das ist die inhaltliche Zusammenfassung des Textes in einem Satz.

4 Die Zeitung, das Erscheinungsdatum, die Seite und der Autor/die Autorin (falls angegeben)

5

Sachtext	literarischer Text
Reportage	Kurzgeschichte
Meldung	Roman
Kommentar	Erzählung
Bedienungsanleitung	Gedicht
	Ballade
	Fabel
	Märchen

6 Richtige Antworten: 1, 2, 5, 6, 7, 8, 10

Klassenarbeit Nr. 2   Seite 28 – 30

1 Die Milka-Schokolade, weil sie eine lila Verpackung hat.
Einem Rätsel mit der Lösung Schokolade.
Aufforderung zum Schokoladeessen.

2

Was brauchst du für die Einleitung?	Welche Informationen hast du zu diesem Text?
Titel	Vom Baum in die lila Packung
Textsorte	Sachtext/Zeitungstext
Autorin	Bianca Belouanas
Datum	14. November 2009
Zeitung	Augsburger Allgemeine Zeitung
Kernsatz	Der Sachtext berichtet über die Herstellung von Schokolade.

3 Der Sachtext „Vom Baum in die lila Packung" wurde von der Autorin Bianca Belouanas verfasst und am 14. November 2009 in der Augsburger Allgemeinen Zeitung veröffentlicht. In dem Text geht es um die Herstellung von Schokolade.

4 Im Folgenden soll der Text zusammengefasst werden. Der Text lässt sich in sechs Sinnabschnitte einteilen.

5 Der zweite Sinnabschnitt (Z. 29–38) informiert darüber; dass die **Kakaofrüchte** direkt am **Stamm** der Pflanze wachsen und das **ganze Jahr** über geerntet werden können. Die Autorin berichtet im dritten Abschnitt (Z. 39–50) darüber, dass *die Früchte nach der Ernte geöffnet* werden. Innen sehen sie wie *Maiskolben* aus, das *Fruchtfleisch* ist *weiß und schmeckt sauer.*

*Das **Fruchtfleisch** wird entfernt und die darin sitzenden **braunen Kakaobohnen** werden zur Weiterverarbeitung nach **Europa** gebracht.* Das erfahren wir im vierten Sinnabschnitt (Z. 51–64).
Im fünften Sinnabschnitt (Z. 65–69) geht es darum, dass *nach der ersten Verarbeitung in den **Fabriken*** Kakaobutter und -pulver *entsteht.*
Der letzte Sinnabschnitt (Z. 70–86) handelt davon, dass **Kakaobutter** *mit weiteren Zutaten verrührt wird, um daraus **Schokolade** herzustellen. In einem letzten Schritt wird die Schokolade in Form **gegossen** und kommt auf den Markt.*

6 Beispiellösung:
Prüfe deine Lösung selbstkritisch. Ziehe dir für jeden erkannten Fehler einen Punkt ab.
…, weil er zu lang war und nicht genügend Illustrationen hatte.
…, weil ich schon wusste, wie man Schokolade herstellt.

44 – 37 Punkte	36 – 23 Punkte	22 – 0 Punkte
Super!	In Ordnung!	Bitte noch einmal üben!

Klassenarbeit Nr. 3   Seite 31 – 34

1 Beispiellösung:
Prüfe deine Lösung selbstkritisch. Ziehe dir für jeden erkannten Fehler einen Punkt ab.
Ein Delfin ist ein Säugetier und hat keine Kiemen wie ein Fisch. Deshalb muss er zum Atmen auftauchen.

2

Abschnitt 1	Z 1 – 7
Abschnitt 2	Z 8 – 20
Abschnitt 3	Z 21 – 33
Abschnitt 4	Z 34 – 47
Abschnitt 5	Z 48 – 61

3 Beispiellösung:
Prüfe deine Lösung selbstkritisch. Ziehe dir für jeden erkannten Fehler einen Punkt ab.
Gute Schlüsselwörter sind: Luft anhalten, Hobby, Anna von Boetticher, Apnoe-Taucherin, lange (Tauchen), ohne Sauerstoffgerät, Tauchlehrerin, drei Monate geübt, viele deutsche Rekorde, gefährlich, Sicherheit, Boot, Helfer, nie alleine, Wasserschildkröte, Solche Sachen erlebt man nur …

4 Textsorte, Titel, Autor, Erscheinungsort, Erscheinungsdatum, Kernsatz (oder TATTE)

5 Beispiellösung:

Prüfe deine Lösung selbstkritisch. Ziehe dir für jeden erkannten Fehler einen Punkt ab.

Der Sachtext „Tauchen wie ein Delfin", der von Maria Rossbauer verfasst wurde, erschien in der Augsburger Allgemeinen und wurde am 19.11.2011 veröffentlicht. In dem Text geht es um die Taucherin Anna von Boetticher und ihr Hobby, das Apnoe-Tauchen.

6 Z. 1–7 – das Apnoe-Tauchen das Hobby von Anna von Boetticher ist.

Z. 8–20 – das Apnoe-Tauchen eine Extremsportart ist, bei der es darum geht, ohne Sauerstoffgerät so lange wie möglich zu tauchen.

7 Beispiellösung:

Prüfe deine Lösung selbstkritisch. Ziehe dir für jeden erkannten Fehler einen Punkt ab.

Dem Leser wird im dritten Sinnabschnitt (Z. 21–33) mitgeteilt …

Das erfahren wir im vierten Sinnabschnitt (Z. 34–47).

Der letzte Sinnabschnitt (Z. 48–61) handelt …

8 Beispiellösung:

Prüfe deine Lösung selbstkritisch. Ziehe dir für jeden erkannten Fehler einen Punkt ab.

Mir hat der Text gefallen, weil er nur wenige Fachbegriffe beinhaltet und ich ihn gut lesen konnte. Das Thema hat mir nicht gefallen, da ich Angst vorm Wasser habe, und das Tauchen bestimmt nie zu einem meiner Hobbys wird.

9 „was" und „wie" geben nicht konkret die Information im Abschnitt wieder, sondern sagen dem Leser nur, dass er die Information dort findet.

Hier wurde der Text abgeschrieben und der Inhalt nicht mit eigenen Worten formuliert.

In der Inhaltszusammenfassung muss man für die Vergangenheit das Perfekt und nicht das Präteritum verwenden.

10 Sie erzählt, dass sie schon als Kind immer mit ihrem Bruder im Pool das Tauchen geübt habe.

Sie erwähnt, dass das Apnoe-Tauchen natürlich auch gefährlich sein könne.

Sie warnt den Leser, dass man Apnoe-Tauchen einfach nie allein machen dürfe.

Sie berichtet, dass die Schildkröte gerade Korallen zermalmt habe.

Sie schwärmt davon, dass man solche Sachen nur beim Apnoe-Tauchen erleben würde..

50–41 Punkte	40–26 Punkte	25–0 Punkte
Super!	In Ordnung!	Bitte noch einmal üben!

3 Literarische Texte untersuchen

Test 1: Kernsatz … **Seite 43–46**

1 Richtig ist C.

2 Textsorte: Kurzgeschichte
Autor: Walter Helmut Fritz
Titel: Augenblicke
Erscheinungsdatum: 1964
Erscheinungsort: Stuttgart
Aus: Generationen. Geschichten und Gedichte über Junge und Alte. Hrsg von Theodor Karst, Stuttgart 1999, S 46–48.

3 a)

A	B	C	D	E	F	G	H	I	J
2	4	6	10	9	3	7	1	5	8

b) Beispiellösung:

Prüfe deine Lösung selbstkritisch.

Elsa steht im Badezimmer und will sich schminken. Wie fast jeden Morgen erscheint nun die Mutter mit einem Vorwand und Elsa macht ihr Platz und geht in ihr Zimmer zurück, da sie diese Aufdringlichkeit der Mutter nicht mehr aushält. Diese allerdings bemerkt die Verstimmung ihrer Tochter gar nicht. Ohne sich zu verabschieden, verlässt Elsa die Wohnung und sucht nach einer Wohnungsvermittlung, um sich eine eigene Wohnung zu nehmen, sie findet aber keine. Sie irrt durch die Stadt und denkt über ihren Plan nach, auszuziehen, den sie damit begründet, dass sie bei dem nächsten Zwischenfall im Bad ausrasten würde. Dennoch kommen ihr auch Bedenken, ihre Mutter allein zu lassen. Auf der Straße fühlt sie sich wohler als in der engen Wohnung, in die sie erst kurz vor Mitternacht zurückkehrt. Sie setzt sich in ihren Sessel und könnte schreien.

4 Beispiellösung:

Prüfe deine Lösung selbstkritisch.

Die Mutter lebt allein mit ihrer Tochter, ist alt, langweilt sich und sieht in ihrer Tochter, die sie liebt und verwöhnt, einen Gesprächspartner. Da die gemeinsamen Momente in der Wohnung selten sind, nähert sie sich ihrer Tochter fast jeden Morgen im Bad. Sie tut das immer sehr behutsam, zurückhaltend und lächelt dabei ihre Tochter an. Diese Annäherung erfolgt aber so ungeschickt und Elsa fühlt sich dadurch in die Enge gedrängt: „Sie hatte – behext, entsetzt, gepeinigt – darauf gewartet, weil sie sich davor fürchtete. (Z. 8–9)

Die Mutter bemerkt allerdings gar nicht, wie sich die Tochter dabei fühlt. „Die Mutter nahm die Verzweiflung ihrer Tochter nicht einmal als Ungeduld wahr." (Z. 21)

Elsa erträgt es nun nicht mehr, dass die Mutter in der Wohnung ihre Nähe sucht, um ein Gespräch anzufangen – „Elsas Mund krampfte sich zusammen, ihre Finger spannten sich. Ihre Augen wurden schmal." (Z. 4–5) Sie will sich nun räumlich von ihrer Mutter trennen und sich eine eigene Wohnung nehmen. Ein Gespräch mit der Mutter über die Situation zieht sie nicht in Erwägung, eher trotzig verlässt sie das Haus. „Wenig später allerdings verließ Elsa das Haus, ohne ihrer Mutter adieu zu sagen." (Z. 22) Vergessen hat sie ihre Mutter nun allerdings nicht, denn ihr kommt schon in den Sinn, dass sie ihrer Mutter „nicht mehr gute Nacht zu sagen" (Z. 35–36) braucht, dennoch schmiedet sie Pläne für ihre Zukunft ohne die Mutter. Als sie nachts dann nach Hause kommt, befallen sie die Zweifel, denn sie denkt daran, „dass ihre Mutter alt und oft krank war" (Z. 50–51) und sie es wohl schwer übers Herz bringt, sie zu verlassen.

5 a) B, C, D
   b) D, E

unvermittelter Beginn – Elsa steht im Badezimmer, als ihre Mutter hereinkommt
alltägliche Konfliktsituation – Die Mutter stört die Tochter im Bad mit ihrer Anwesenheit
wenig detaillierte oder in die Tiefe gehende Beschreibung der Hauptfiguren – Elsa arbeitet und ist 20 Jahre alt, die Mutter ist krank, alt und Witwe
Wendepunkt – Elsa verlässt die Wohnung, um eine Wohnungsvermittlung aufzusuchen
offener Schluss – Sie kehrt spät zurück, sitzt in einem Sessel und könnte schreien

6 a) 1. Aussage wiedergeben – 2. Erläuterung, was mit der Aussage gemeint ist – 3. Angabe deines Standpunktes – 4. Aufzählung von Begründungen für deinen Standpunkt
   b) individuelle Lösung

Klassenarbeit Nr. 4   Seite 47–50

1 Der Kondensmilchmann geht jeden Morgen um die gleiche Zeit in den Supermarkt und kauft dort eine Dose Kondensmilch, nur um eine Frau wieder zu sehen, die jeden Tag einen Apfel kauft. Doch in den Ferien geht die Frau nicht in den Supermarkt und der Mann lernt eine andere Frau kennen, mit der er jetzt zusammenziehen will.

2 **Unvermittelt eröffnet sich dem Leser ein Blick** auf einen Supermarkt am frühen Morgen, in dem Menschen einkaufen, die Musik spielt und die Kassen zu hören sind. (Z. 1–6)

Nun erfolgt eine Überleitung (Z. 7–12) auf zwei Personen, die an der Kasse stehen. Es ist einmal eine Frau vorne, die einen Apfel kaufen will, und hinten in der Schlange steht ein Mann mit einer Kondensmilchdose, der die Frau mit dem Apfel betrachtet.
Im Hauptteil (Z. 13–25) erfahren wir, dass sich der Kondensmilchmann und die Apfelfrau täglich beim Einkauf des Apfels und der Kondensmilch, die er gar nicht benötigt, in dem Supermarkt treffen, aber nicht miteinander reden.
Im nächsten Abschnitt (Z. 26–32) wird berichtet, dass sich die beiden schon seit zwei Jahren täglich außer sonntags und in den Ferien in dem Supermarkt begegnen und dass sich die Dosen in der Wohnung des Mannes stapeln.
Danach schließt sich der Wendepunkt an (Z. 33–46). Da sich die Ferien nähern, beschließt der Mann an diesem Tag nicht eine Kondensmilch, sondern einen Apfel zu kaufen, um der Frau ein Zeichen zu geben. Doch diese bemerkt das Zeichen wohl nicht.
Im darauf folgenden Abschnitt (Z. 47–54) werden die Ferienaktivitäten des Mannes beschrieben. Er lernt eine Frau kennen, sie werden ein Liebespaar und wollen zusammen ziehen.
Als Vorbereitung auf den Höhepunkt (Z. 55–63) erfährt der Leser nun, dass der Mann mit den Konservendosen mit einem Makler eine Wohnung besichtigt.
Der Höhepunkt (Z. 64–65) ist zugleich der Schluss. Der Leser erfährt, dass der Makler eine Tür in der Wohnung öffnet und sich dahinter Einmachgläser bis zur Decke stapeln, die mit Apfelmus gefüllt sind.

3 a) Es ist eine Momentaufnahme aus dem Leben eines Menschen. – Der „Moment" zieht sich über die gesamten Ferien hin, die zwei Monate dauern.
   Es gibt keine genauen Angaben zu Ort und Zeit des Geschehens. – In diesem Fall gibt es schon eine Ortsangabe: Supermarkt „Fröhlicher Mohr" und eine sehr genaue Zeitangabe: Zwanzig nach sieben.
   b + c) Bei dem vorliegenden Text handelt es sich um eine Kurzgeschichte. Das beweisen die folgenden, im Text nachgewiesenen Merkmale.
   Der Text hat nur einen Handlungsstrang und keine Nebenhandlungen, da es hier um das Erlebnis eines Mannes geht, der jeden Morgen in den Supermarkt geht, um dort eine Frau anzutreffen. „Täglich um zwanzig nach sieben steht der Kondensmilchmann in der Warteschlange." (Z. 19–20) Erst nach den Ferien geht er

nicht mehr dorthin, sondern sucht sich eine Wohnung. „Die Wohnung ist hell und schön" (Z. 58).

Die Personen in einer Kurzgeschichte werden nur wenig beschrieben. Hier erfahren wir nicht einmal die richtigen Namen der Figuren, sondern nur „Kondensmilchmann" (Z. 13) und „Apfelfrau" (Z. 12). Auch die neu kennengelernte Frau hat nur das Attribut: „Die Frau mit dem Buch" (Z. 50)

Symbolhafte Anspielungen sind ein weiteres Merkmal für die Kurzgeschichte. In diesem Fall ist der Apfel ein Symbol. Zunächst wird er mit dem Apfel in Zusammenhang gebracht, den die Frau tagtäglich kauft. Der Mann begehrt die „Apfelfrau". Aber vielmehr ist es der Kauf des Apfels, der dem Mann die Freiheit gibt, sich aus der Routine zu befreien. „Ich kaufe einen Apfel, weil ich will. Dies ist ein freies Land. Ich bin ein freier Mann." (Z. 42) Und somit hat er nicht nur die Ware, die er täglich kauft, verändert, sondern auch sein Leben, da er wenig später eine neue Frau kennen lernt. Der Apfel steht also als Symbol für ein anderes Leben und die Freiheit zu wählen.

Diese drei aufgeführten Merkmale beweisen, dass es sich bei dem Text um eine Kurzgeschichte handelt.

4 a) 1 – Neologismus - rhetorisches Mittel; 2 – Farbadjektiv – Wortwahl, 3 – Steigerung – rhetorisches Mittel, 4 – unvollständiger Satzbau, Ellipse – Satzbau oder rhetorische Mittel, 5 – Alliteration – rhetorisches Mittel, 6 – Redewendung – rhetorisches Mittel. 7 – Aufzählung – rhetorisches Mittel, 8 – Fachbegriff – Wortwahl, 9 – Wiederholung – rhetorisches Mittel, 10 – Umgangssprache/Dialekt – Sprachebene.

b) Im Bereich der stilistischen Mittel fällt auf, dass der Autor eine Anapher verwendet : „Täglich um zwanzig nach sieben kauft die Apfelfrau einen Apfel. Täglich um zwanzig nach sieben kauft der Kondensmilchmann eine Dose Kondensmilch." (Z. 13 – 14). Die Zeitangabe befindet sich insgesamt fünfmal in diesem Text und beschreibt den Zeitpunkt, an dem sich die Frau und der Mann im Supermarkt treffen. Damit wird die Routine des täglichen Treffens, aber auch dessen Wichtigkeit sprachlich verdeutlicht.

Ein weiteres rhetorisches Mittel ist die Verwendung von zwei Neologismen: „Kondensmilchmann" (Z. 14), und „Apfelfrau" (Z. 13). Dies sind die Namen der zwei

Figuren, um die es in der Kurzgeschichte geht. Der Autor nennt keine richtigen Namen, sondern benennt die Figuren nach den Waren, die sie kaufen. Somit sind die Personen austauschbar.

Betrachtet man dann die Wortwahl, so fällt die wiederholte Verwendung des Farbadjektivs „grau" auf: „graue Mienen, graue Mäntel, graue Menschen" (Z. 3 – 4) und „grauer Himmel" (Z. 5). Die Menschen und das Wetter werden als grau beschrieben. Das bewirkt, dass eine etwas trostlose Stimmung wahrgenommen wird – ganz im Gegensatz zum „Fröhlichen Mohren", der dann gar nicht so fröhliche Besucher hat.

5 Beispiellösung:
Prüfe deine Lösung selbstkritisch. Ziehe dir für jeden erkannten Fehler einen Punkt ab.
Mir hat der Text gefallen, weil ich die Pointe besonders geglückt fand. Ich musste schmunzeln, als der Makler erwähnt, dass dort eingemachtes Apfelmus lagert. Aber die „Apfelfrau" hat diese Gläser nicht mit in ihr neues Leben genommen. Ich würde mir wünschen, dass der „Kondensmilchmann" auch ohne seine Dosen ein neues Leben beginnt.

78 – 63 Punkte	62 – 40 Punkte	39 – 0 Punkte
Super!	In Ordnung!	Bitte noch einmal üben!

4 Journalistische Texte untersuchen

Test 1: Textsorten – sprachliche Mittel   Seite 56 – 58

1 Der **Zeitungsbericht** sollte ein Ereignis objektiv und sachlich wiedergeben, weil seine Aufgabe darin besteht, die Leser zu informieren. Neben der eigentlichen Nachricht, der Meldung, enthält ein Bericht auch Hintergrundinformationen d. h. Informationen, die mit dem Thema zu tun haben.
Kommentare gibt es zu verschiedenen Themen aus allen Bereichen, z. B. Politik, Sport, Lokales. In diesen Texten werden aktuelle Ereignisse und Sachverhalte erläutert, gedeutet und bewertet, wobei der Autor die Leser zur Meinungsbildung anregen will. Da es sich bei einem Kommentar um eine persönliche Meinungsäußerung und um eine subjektive Sicht handelt, muss der Verfasser genannt werden.
Die **Reportage** ist auch eine informierende Darstellungsform, die auf den persönlichen Eindrücken des Verfassers beruht. In ihr

verbinden sich Tatsachenbericht, Hintergrundsinformationen und die Befragung von Fachleuten. Sie versucht in anschaulicher Weise über ein Ereignis oder eine Person zu berichten und die Atmosphäre einzufangen.

2 a) Themawahl: Persönliches Interesse der Autorin Z. 1 – 17
Neugier weckende Überschrift mit Sprachwitz Z. 1
Lead mit Vorschau auf den Inhalt Z. 2 – 5
Zoomtechnik Z. 6 – 11
Wechsel zwischen subjektiven und objektiven Darstellungen Z. 6 – 16

b) 1. Metapher
2. Neologismus (Alliteration im Wort)
3. Fachbegriffe
4. Fremdwort
5. Aufzählung

3 **Schlüsselwort** ist falsch, weil es nicht Teil der Einleitung ist.
Sinnabschnitt ist falsch, weil er nicht Teil der Einleitung ist.
Kurzgeschichte ist falsch, weil es sich hierbei nicht um einen Sachtext handelt.
Alliteration ist falsch, weil es keine Wortart sondern ein sprachliches Mittel ist.
Konjunktion ist falsch, weil es eine Wortart ist und nur indirekt zum Satzbau gehört.
Ellipse ist falsch, weil es hier um einen verkürzten Satz und nicht um bildhafte Sprache geht.
Altdeutsch ist falsch, denn die anderen vier Begriffe gehören zur Sprachebene, Altdeutsch bezeichnet das Deutsch im Mittelalter.
Erzählen ist falsch, weil es nicht die Absicht eines Autors ist zu erzählen. Hier würde dann unterhalten passen.

Test 2: Erschließen mit Leitfragen
Seite 59 – 61

1 a) Energie-Drinks sind bei Schulkindern sehr beliebt, obwohl der hohe Zucker- und Koffeingehalt für die Gesundheit der Kinder gefährlich sind.

b) zuckriger Gummibärchengeschmack, belebende Wirkung

c) Fettpölsterchen, Zahnschmelzprobleme, Schlaflosigkeit, Nervosität, Kopfschmerzen, Kreislaufkollaps, Krämpfe, Bluthochdruck und Schädigung der Herzfunktion

d) gesetzliche Altersbeschränkungen in Estland und Litauen, zwei Drogerieketten haben die Energie-Drinks aus dem Sortiment genommen

e) Die Eltern sollen mit ihren Kindern über die Gefahren des Energie-Drinks sprechen.

2 a) Der 16-jährige amerikanische Schüler Davis Allen Cripe starb an einer Überdosis Koffein aus einem Mix aus Milchkaffee, Mountain Dew und Energie Drink.

b) Über dem Text steht „Kommentar am Rande".

c) Erster Abschnitt: 1 – 20
Zweiter Abschnitt: 21 – 96
Dritter Abschnitt: 97 – 106

3 a) Monster ist ein Markenname für Energie-Drinks und die Flügel spielen auf den Werbeslogan von Red Bull an.

b) Mit „Muntermachern" sind die Energie-Drinks gemeint. Das ist eine Metapher.

c) Diese Redewendung bedeutet: Eine schwierige Aufgabe mit Mut und Energie angehen, d. h. in diesem Zusammenhang, die Kinder davon zu überzeugen, dass das leckere Getränk schlecht für die Gesundheit ist.

d) Diese Aufzählung veranschaulicht die vielen, ernsthaften Gefahren der Energie-Drinks.

4 Über ein Ereignis informieren, den Leser zum Nachdenken anzuregen, den Leser zu etwas zu animieren, Probleme verdeutlichen

Klassenarbeit Nr. 5:
Seite 62 – 66

1 Beispiellösung:
Prüfe deine Lösung selbstkritisch. Ziehe dir für jeden erkannten Fehler einen Punkt ab.
Die Reportage „Klebe wohl" von Anita Staudinger erschien in der österreichischen Zeitung „Kurier" am 29.03.2016. In dem Text geht es nicht nur um die Sammelleidenschaft der Panini-Fans, sondern auch um die Entwicklung der Sammelhefte von Panini, die Herstellung der Sticker, das Marketing und eine mögliche Alternative zu diesen Fußball-Stickern.

2 Der Text lässt sich in sechs Sinnabschnitte einteilen.
Im ersten Sinnabschnitt (Z. 1 – 4) beschreibt die Autorin detailliert die Tätigkeiten eines Sammlers von Panini-Bildern.
Anschließend wird der Leser im zweiten Sinnabschnitt (Z. 5 – 11) darüber informiert, dass die Sticker für die EM 2016 in Frankreich ab dem 22. März an vielen Verkaufsstellen in Österreich erhältlich sind.
Dass die Herstellung der Sticker in Modena auf Hochtouren läuft und Österreich eine Sonderedition erhält, weil es in diesem Land besonders viele Sammler gibt, erfährt der Leser im dritten Sinnabschnitt (Z. 12 – 33)

3 Beispiellösung:

Prüfe deine Lösung selbstkritisch. Ziehe dir für jeden erkannten Fehler einen Punkt ab.

Bei diesem Text handelt es sich um eine Reportage. Das beweisen folgende Merkmale: Der Text weist eine unsachliche Schlagzeile auf: „Klebe wohl". Diese Schlagzeile bezieht sich einerseits auf das Einkleben der Sammelbilder, aber sie lässt auch ein „Lebewohl" anklingen und könnte als indirekte Aufforderung verstanden werden, diese Bilder nicht zu sammeln.

Weiterhin ist die Meinung der Autorin nur indirekt ersichtlich. In dieser Reportage ist es die Formulierung der Schlagzeile „Klebe wohl", die zweideutig ist, die Formulierung , „nur" 596 Felder' (Z. 52) und auch der Vorschlag, ein anderes Heft, das „tschutti heftli" (Z. 96), zu kaufen, deutet auf eine indirekte Meinungsäußerung hin, was typisch für eine Reportage ist.

Der Übergang zwischen dem ersten und zweiten Sinnabschnitt ist typisch für eine Reportage, denn hier wechselt die Autorin zwischen aktuellem Geschehen und Hintergrundinformationen: Zuerst wird die Tätigkeit eines Sammlers beschrieben, „Sackerl kaufen, aufreißen, Album aufschlagen, …" (Z. 1–2), danach erfahren wir, dass das neue Album erhältlich ist, „Seit 22. März ist in Österreich das neue, (…) Album für die Fußball-EM 2016 in Frankreich erhältlich. (Z. 5–9) Diese signifikanten Merkmale beweisen, dass es sich bei dem Text um eine Reportage handelt.

4 Beispiellösung:

Prüfe deine Lösung selbstkritisch. Ziehe dir für jeden erkannten Fehler einen Punkt ab.

Betrachtet man nun die Sprache der Reportage, so fällt hinsichtlich der Wortwahl auf, dass die Autorin einige Fachbegriffe aus dem Bereich der Wirtschaft und des Marketings verwendet hat: „Tochterunternehmen (Z. 79), „Dreischichtbetrieb" (Z. 76), „Umsatzoptimierung" (Z. 63–64). Durch diese Wortwahl hat der Leser das Gefühl, dass die Autorin sich in dem Bereich auskennt und tatsächlich über die Firma recherchiert hat.

Auch fallen die vielen Zahlen in dem Text auf, die den Preis oder die Anzahl beschreiben: „95 Euro pro Album" (Z. 57), „Wer genau 680 Pickerln kauft" (Z. 55–56). Somit werden die Ausgaben, die der Sammler hat, besser nachvollziehbar.

Hinsichtlich des Satzbaus fällt auf, dass der Text aus Hauptsätzen bzw. aus einfachen Satzgefügen mit meist nur einem Nebensatz

besteht: „Von Großereignis zu Großereignis wird das Pickerl-Business noch mehr ausgereizt." (Z. 35–37) oder das Satzgefüge „Die Italiener versichern, dass von jedem Spieler exakt gleich viele Teile gedruckt werden. (Z. 65–67). Dieser recht einfache Satzbau macht den Text für eine breite Leserschaft verständlich, und das, obwohl es um Wirtschaft und Marketing geht.

5 Beispiellösung:

Prüfe deine Lösung selbstkritisch. Ziehe dir für jeden erkannten Fehler einen Punkt ab.

Die Autorin möchte sicherlich mit ihrer Reportage **unterhalten**, da sie ein Thema gewählt hat, das gerade sehr aktuell ist und auch viele Menschen betrifft. So interessiert es sicherlich auch einige Menschen, wer oder was hinter diesen Bildern steckt. Und das wäre dann auch die zweite Absicht, die sie verfolgt, über die Geschichte der Panini-Bilder zu **informieren** und die Entwicklung der Alben aufzuzeigen. Dass sie dabei nicht ganz unkritisch ist und auch ihre Beobachtungen mit Zahlen belegt, spricht dafür, dass sie die **Leser auch zum Nachdenken bringen** möchte, ob sich die doch recht hohen Ausgaben für solch ein gefülltes Album wirklich lohnen. Schließlich schlägt sie ein weiteres Album vor, das nicht ausschließlich kommerziell ist, sondern bei dem der Erlös einem guten Zweck zukommt. Das könnte man als einen **Appell** an die Leser sehen, Alternativen für die Sammelleidenschaft zu suchen.

6 Persönliche Stellungnahme und Wunsch

Beispiellösung für die unbewertete Zusatzaufgabe:
Stellungnahme zum Artikel „Klebe wohl", erschienen im „Kurier" am 29.03.2016
Sehr geehrte Frau Staudacher,
mit Erstaunen habe ich Ihren Artikel „Klebe wohl", erschienen am 29.03.2016, im Kurier gelesen, und ich bin froh, diese Informationen bekommen zu haben. Ich konnte gar nicht glauben, wie beliebt diese Fußball-EM Sammelhefte und die dazugehörigen Pickerl sind. Aber was mich geschockt hat, ist der Umsatz, den Panini damit macht, und zwar aus folgenden Gründen:
Den jugendlichen Kunden wird das Geld aus der Tasche gezogen, da sie es sind, die diese Abziehbildchen kaufen. Natürlich wollen sie ihr Album vervollständigen, aber 95 Euro für ein Heft, das nach der EM nur noch im Schrank liegt, ist wirklich viel Geld, das die meisten Jugendlichen nicht haben. Die Erhöhung der Anzahl der Felder im Album

ist unnötig, denn es geht dem Hersteller Panini nur darum, Profit zu machen. Die Anzahl der teilnehmenden Mannschaften ist nicht gestiegen. Wenn jetzt aber beispielsweise auch Sticker für die verschiedenen Stadien gesammelt werden müssen, dann ist das überflüssig, denn es verringert nur die Chance, die Sticker der viel wichtigeren Spieler zu erhalten.

Und schließlich verknappt Panini doch bewusst einige Pickerl, denn ich habe im Internet eine Grafik gefunden, die besagt, dass es in Deutschland doch eine ungleiche Verteilung gibt. So ist aus dieser Grafik z. B. zu entnehmen, dass laut einer Online-Umfrage der Sticker Nr. 231 von Philipp Lahm wesentlicher häufiger in den Tüten gefunden wurde als der Sticker Nr. 249 von Manuel Neuer.

Somit gefällt mir Ihre Idee, das Schweizer „Tschutti heftli" zu kaufen, denn dann habe ich nicht nur Geld für Abziehbildchen bezahlt, sondern auch noch einen guten Zweck unterstützt.

Mit freundlichem Gruß
Lea W.

39 – 32 Punkte	31 – 20 Punkte	19 – 0 Punkte
Super!	In Ordnung!	Bitte noch einmal üben!

5 Sachtexte verfassen

Test 1: Der Aufbau des Berichts   Seite 70 – 71

1 a) Wer? Wann? Was? Wo?
   b) drei Passagiere, gestern (bezogen auf den 25.01.2018, dem Veröffentlichungsdatum des Berichts), Zugunglück, gestorben, bei Mailand

2 a) Die Ursache ist ungeklärt.
   b) Die Rettungsaktion wird beschrieben.

3 Drei Frauen kamen ums Leben, es gab ein Dutzend Schwerverletzte, davon schweben fünf in Lebensgefahr, und 90 Leichtverletzte.

4 a) <u>Mailands Polizeichef Marcello Cardona sagte vor Journalisten, der Zug sei voller Menschen gewesen. Es sei fast ein Wunder, dass es nicht noch mehr Opfer gegeben habe.</u>
   b) indirekte Rede

5 Beispiellösung:
   Am Donnerstagmorgen um kurz vor 7 Uhr war der Zug voll besetzt mit Pendlern und Studenten von Cremona aus in die nord-

italienische Metropole Mailand unterwegs. Nachdem der Zug etwa 15 Minuten gefahren war, befuhr er einen Abschnitt des Schienennetzes, der demnächst hätte repariert werden sollen, da die Schienen noch aus den 60er-Jahren des letzten Jahrhunderts stammen. Gegen 7 Uhr war der Zug mit einem Tempo von 100 Kilometern die Stunde unterwegs, als es einen kräftigen Ruck gab. Der Zug hatte eine gebrochene Schiene überfahren, sodass der Triebwagen und die vorderen drei Wagons entgleisten, die Böschung hinabrutschten und auf der Wiese landeten.

Klassenarbeit Nr. 6   Seite 72 – 73

1 Zu unterstreichen waren:
   Material 1: AG Schuldisco, Donnerstag (3.2.), Anlage aufbauen, Turnhalle
   Material 2: Freitag, Unterstufenball der 5. bis 8. Klassen, Helfer aus der 9. und 10. Klasse, ab 22 Uhr, Abbau
   Material 3: Realschule Am Hagen, Freiwillige beim Einlass, Garderobenpersonal, in der alten Schulbibliothek, 4 Euro, fünfte Klassen, Einübung im Sportunterricht, Tänze zu modernen Hits vorführen, 20.00 Uhr, Turnhalle
   Material 4: Getränke und kleine Snacks, Mensa, kleines Team von Eltern, drei Cocktails
   Material 5: Lehrer, Aufsicht
   Material 6: zwei Gäste, Klasse 5 und 6 von Eltern abgeholt, Klasse 5 und 6 bis 21.00 Uhr, Klasse 7 bis 8 bis 22.00 Uhr
   Material 7: Flirtwand in der Mensa, am Einlass Nummer erhalten, Zettel und Stift an der Flirtwand, Nachricht an die Pinnwand

2

Teile	Informationen
Erster Teil Wann? Wo? Was?	Freitagabend (4.2.2018), Realschule „Am Hagen" Unterstufenball der 5. bis 8. Klassen mit Tanzaufführungen der fünften Klassen statt.
Zweiter Teil Ablauf: Eintreffen der Schüler	Kontrolle von den Freiwilligen am Einlass eine Nummer für die Flirtwand erhalten Jacken in der ehemaligen Schülerbibliothek abgeben
Speisen und Getränke	Mensa Angebot an kleinen Speisen und nichtalkoholischen Getränken, von Mitgliedern des Elternbeirats vorbereitet drei angebotenen Cocktails ohne Alkohol
Musik	Treffen der AG Schuldisco am Donnerstag Aufbau der Anlage in der Turnhalle
Lehrer	Aufsicht
Flirtwand	Flirtwand in der Mensa. beim Einlass Nummer auf den Handrücken an der Flirtwand Zettel und Stift erhalten Nachricht an der Pinnwand aufgehängt
Tanzvorführungen	Tanzvorführungen der 5. Klassen. Tänze zu modernen Hits im Sportunterricht einstudiert Aufführung 20 Uhr in der Turnhalle
Ende um 21 Uhr	für die Schüler der fünften und sechsten Klasse von ihren Eltern abgeholt.
Ende um 22 Uhr	für die Schüler der siebten und achten Klasse
Abbau	ein Team von Schülern der höheren Klasse Abbau ab 22 Uhr
Schluss Gründe für den Erfolg	Schüler durften zwei Gäste mitbringen Eintrittskarten kosten 4 Euro – günstig

3 a) Schlagzeile und Unterüberschrift: viele Lösungen möglich. Siehe Beispieltext.
b) Informationen aus dem Schreibplan sind im Musteraufsatz unterstrichen.
c) Übernommene Äußerungen sind kursiv formatiert.

Beispiellösung
Prüfe deine Lösung kritisch. Zieh dir für jeden erkannten Fehler einen Punkt ab. Vielleicht findest du jemanden, der dir bei der Korrektur und Bewertung hilft.

Fünftklässler rocken in der Turnhalle

Auf dem Unterstufenball tanzten die fünften Klassen zu modernen Hits

Am Freitagabend, den 4.2.2018, fand in der Realschule „Am Hagen" der alljährliche Unterstufenball der 5. bis 8. Klassen mit Tanzaufführungen der fünften Klassen statt. Die ersten Schüler trafen schon um kurz vor 17.00 Uhr ein, wurden von den Freiwilligen am Einlass kontrolliert, erhielten eine Nummer für die Flirtwand und durften ihre Jacken in der ehemaligen Schülerbibliothek abgeben, die zur Garderobe umfunktioniert wurde. Im Untergeschoss in der Mensa erwartete die Schüler dann ein leckeres Angebot an kleinen Speisen und nichtalkoholischen Getränken, die die Mitglieder des Elternbeirats vorbereitet hatten. Besonders die drei angebotenen Cocktails ohne Alkohol waren sehr beliebt. *Ein Schüler meinte, dass der giftgrüne Cocktail mit der Ananas himmlisch schmecke.* Aus der benachbarten Turnhalle wummerten nun schon die Bässe. Die AG Schuldisco hatte sich bereits am Donnerstag getroffen, um die Anlage in der Turnhalle aufzubauen, und spielte nun die neusten Hits. Sofort war die Tanzfläche gefüllt. Auch Lehrer waren für die Aufsicht unter den Gästen in der Turnhalle, die fröhlich mittanzten und sich amüsierten. Eine besondere Attraktion war die Flirtwand in der Mensa. Jedem Schüler war beim Einlass eine Nummer auf den Handrücken geschrieben worden und er konnte nun an der Flirtwand Zettel und Stift erhalten, um eine Nachricht an eine andere Nummer zu schreiben. Diese wurde dann an der Pinnwand aufgehängt und konnte von dem Besitzer der betreffenden Nummer abgeholt werden. *Eine Schülerin berichtete sogar, dass sie eine so tolle Zeichnung von sich erhalten habe und sie jetzt unbedingt herausfinden müsse, wer diese gemacht habe.* Höhepunkt des Abends waren die Tanzvorführungen der 5. Klassen. Sie hatten die Tänze zu modernen Chart-Songs im Sportunterricht einstudiert und warteten aufgeregt auf ihren Auftritt. Gegen 8 Uhr war es dann soweit und die Turnhalle war sehr gut besucht. Souverän boten die Schüler nun in der Turnhalle Tanzvorstellungen, die von den anderen Schülern bestaunt, gefilmt, bejubelt und beklatscht wurde. *„Die Musik ist so super, alle tanzen und die Tanzvorführungen der*

fünften Klassen bringen eine tolle Stimmung!", meinte Maja zu unserem Schulreporter.
Um 21 Uhr war dann für die Schüler der fünften und sechsten Klasse Schluss und sie wurden von ihren Eltern abgeholt. Die Schüler der siebten und achten Klassen durften dann noch eine Stunde in der Turnhalle abtanzen, bevor auch sie nach Hause mussten und ein Team von Schülern der höheren Klasse mit dem Abbau begann.
„Ein toller Erfolg", meinte die Verbindungs- lehrerin Frau Lenz im Anschluss an die Feier, „wir haben so viele Eintrittskarten verkauft wie noch nie zuvor!" Das lag sicherlich auch daran, dass die Schüler dieses Mal je zwei Gäste mitbringen durften und die Eintrittskarten mit 4 Euro pro Schüler auch relativ günstig waren.

50 – 41 Punkte	40 – 26 Punkte	25 – 0 Punkte
Super!	In Ordnung!	Bitte noch einmal üben!

Klassenarbeit Nr. 7 — Seite 74 – 76

Teile	Informationen
Erster Teil Was?	von einer Flutwelle erfasst und gestorben
Wann?	letzten Mittwoch, (11. Juni 2008)
Wer?	3 Tote, Gruppe deutscher Urlauber
Wo?	Schlucht des Baou, Südfrankreich,
Zweiter Teil Wer?	zwölfköpfige Reisegruppe des Rei- severanstalters „Never come back Journeys" mit jungen Leuten aus der Region Dortmund
Was?	Sie wollten Canyoning betreiben – eine Trendsportart, bei der es darum geht, durch tosende Bergbäche zu klettern. Man schwimmt dabei, springt in tiefe Wasserbecken und seilt sich ab.
Wann	Mittwochnachmittag
Wo?	50 km nordwestlich von Cannes, in der Klamm des Baou, ein Fluss, der in den Fluss Verdon mündet
Wie? Warum? Welche Folgen?	Der Baou ist eher ein Rinnsal als ein Bach. Unwetter – der Bach verwandelt sich in einen reißenden Strom – bis zu drei Meter hohe Flutwelle schoss durch die Klamm – Gruppe wurde mitgerissen – erst am Abend gelang es einem Verunglückten, sich aus dem Wasser zu befreien und per Handy Hilfe zu rufen. Für zwei junge Frauen und den Führer der Gruppe kam die Hilfe jedoch zu spät.

Teile	Informationen
Welche Reaktio- nen?	Fragen nach der Ursache Zitate: • Der Unterpräfekt von Castellane, Serge Bideau, sagte, die Urlau- ber hätten sich offenbar nicht ausreichend informiert, bevor sie aufgebrochen seien. • Das Flussbett sei seit Tagen über- schwemmt gewesen, sagte ein örtlicher Führer. • Der tödlich verunglückte Führer der Gruppe war Mitglied im interna- tionalen Berufsverband profes- sioneller Canyoning-Führer CIC. Verbands-Chef Stefan Hofmann kündigte an, man werde den Fall intensiv untersuchen.

2 Die unterstrichenen Passagen und die drei kursiv gedruckten Meinungsäußerungen soll- ten in deinem Text enthalten sein.
Beispiellösung
Prüfe deine Lösung kritisch. Zieh dir für jeden erkannten Fehler einen Punkt ab. Vielleicht findest du jemanden, der dir bei der Korrektur und Bewertung hilft.

Flutwelle erfasst drei Deutsche
Bei einer Canyoningtour in Südfrankreich ertrinken drei Deutsche

Draguignan In Südfrankreich wurde letzten Mittwoch eine Gruppe deutscher Urlauber von einer Flutwelle in der Schlucht des Baou erfasst. Drei Deutsche starben.

Die zwölfköpfige Reisegruppe mit jungen Leuten aus der Region Dortmund war mit dem Reiseveranstalter „Never come back Journeys" nach Südfrankreich gereist, um dort Canyoning zu betreiben. Dies ist eine Trendsportart, bei der es darum geht, durch tosende Bergbäche zu klettern. Man schwimmt dabei, springt in tiefe Wasserbe- cken und seilt sich ab.

Am Mittwochnachmittag begab sich die Grup- pe mit ihrem Canyoningführer in die Klamm des Baou. Der Baou ist ein kleiner Fluss 50 km nordwestlich von Cannes, der in den Fluss Verdon mündet. Normalerweise ist dieser Fluss ein kleines Rinnsal, aber es hatte in den vergangenen Tagen ein Unwetter gegeben, bei dem es stark geregnet hatte, so dass sich der Bach in einen reißenden Strom verwan- delte. *Ein örtlicher Führer sagte, dass das Flussbett seit Tagen überschwemmt gewesen sei.* Dennoch begab sich die Gruppe zum Canyoning an den Baou. *Der Unterpräfekt von Castellane, Serge Bideau, sagte, die Urlauber hätten sich offenbar nicht ausreichend infor- miert, bevor sie aufgebrochen seien.* Als sich die Gruppe dann schon in der Klamm befand, schoss eine bis zu drei Meter hohe Flutwelle durch die Flussenge und die Gruppe wurde mitgerissen. Erst am Abend gelang es einem der Verunglückten sich aus dem Wasser zu befreien und per Handy um Hilfe zu rufen. Für zwei junge Frauen und den Führer der Gruppe kam die Hilfe jedoch zu spät.

Die Frage, warum die Urlauber trotz des schlechten Wetters und trotz eines professionellen Führers zu ihrer Tour aufgebrochen waren, bleibt offen. *Der tödlich verunglückte Führer der Gruppe war ein erfahrener Führer und Mitglied im internationalen Berufsverband professioneller Canyoning-Führer CIC. Verbands-Chef Stefan Hofmann kündigte an, man werde den Fall intensiv untersuchen.*

48 – 38 Punkte	37 – 25 Punkte	24 – 0 Punkte
Super!	In Ordnung!	Bitte noch einmal üben!

6 Argumentieren

Test 1 : Stoffsammlung und Teile des Arguments
Seite 83 – 84

1 Mögliche Behauptungen:
interessantes Abendprogramm; gesunde Ernährung; gutes Preis-Leistungsverhältnis; viele verschiedene Sportarten; Möglichkeit zu Turnieren; Freundschaften mit Sportlern aus aller Welt; intensives und professionelles Training

2 1 Beispiel; 2 Beispiel; 3 Begründung; 4 Behauptung; 5 Beispiel; 6 Behauptung; 7 Begründung; 8 Beispiel

3

	Behauptung	Begründung	Beispiel
1. Argument	gesunde Ernährung	Verpflegung kommt aus der Bioküche	Gemüse und Kräuter kommen aus dem eigenen Garten
2. Argument	kurzweilige Abende	es gibt verschiedene Abendprogramme	Fackelwanderung, Lagerfeuer, Disco

Test 2 : Aufbau der Argumente
Seite 85

1 a) Dadurch können sie z. B. bessere Leistungen in den ersten Unterrichtsstunden erzielen.

Fehler: Das Beispiel passt nicht zum Argument.
Korrekturmöglichkeit: So können sie dann am Wochenende und auch werktags, ohne einen Wecker stellen zu müssen, gegen 8 Uhr aufwachen und aufstehen.
b) Kommen die Schüler ausgeschlafen zur Schule, da diese erst um 9:00 Uhr beginnt, arbeiten sie konzentrierter mit und passen im Unterricht besser auf.
Fehler: Die Reihenfolge von Behauptung und Begründung passt nicht. Verwirrend ist zudem der Kausalsatz mit dem Thema als Inhalt.
Korrekturmöglichkeit: Die Schüler arbeiten konzentrierter mit und passen im Unterricht besser auf, da sie um 9:00 Uhr ausgeschlafen sind. Sie sind somit wach genug, um z. B. Aufgabenstellungen, Zusammenhänge und Erklärungen besser zu verstehen.
c) So könnten sich die Leistungen in vielen Fächern steigern.
Fehler: Das Beispiel ist eine Wiederholung der Behauptung.
Korrekturmöglichkeit: Die Vokabeln in Englisch oder auch die Grammatikregeln in Deutsch könnten die Schüler vor dem Unterricht noch einmal durchgehen und so bei unangesagten Tests gute Noten schreiben.
d) Der Unterricht soll erst um 9:00 Uhr beginnen,
Fehler: Das Thema des Aufsatzes wurde zur Behauptung.
Korrekturmöglichkeit: Die Wahrscheinlichkeit, dass man verschläft, ist niedriger, weil es draußen schon heller ist und weil der eigene Schlafrhythmus so angelegt ist. So kann man beispielsweise auf den Wecker verzichten, den manche Schüler nicht hören, und wacht durch das Sonnenlicht auf, das durch das nicht verdunkelte Fenster scheint oder wird – noch besser – von alleine wach und kommt rechtzeitig zur Schule.
e) Schüler brauchen ein Frühstück, sodass sie in der Schule nicht zu hungrig sind.
Fehler: Die Behauptung hat keinen Bezug zum Thema Schulbeginn um 9:00 Uhr sondern bezieht sich auf das generelle Problem, dass Schüler z. T. nicht frühstücken.
Korrekturmöglichkeit: Schüler könnten vor der Schule ausgiebiger frühstücken, da sie ausgeschlafener sind und somit Appetit haben. So könnten sie sich genügend Zeit nehmen, um etwas Warmes zu trinken, Obst zu essen oder sich auch ein Brot zu schmieren, auf das sie dann auch Appetit haben.
f) Bei frühem Unterrichtsbeginn steigt die Aggressivität der Schüler,
Fehler: Hier wird nicht ein Vorteil des späten

Beginns argumentiert, sondern ein Nachteil des frühen Schulbeginns.
Korrekturmöglichkeit: Die Aggressivität der Schüler nimmt mit späterem Unterrichtsbeginn ab, weil sie ausgeschlafen sind und sie nicht jede Provokation ernst nehmen, sondern in der Lage sind, nachzudenken, bevor sie handeln. So können z. B. Meinungsverschiedenheiten anstatt mit Fäusten verbal geklärt werden oder sie entstehen erst gar nicht, da man sich gegenseitig besser zuhört.

2 Die Lösungen zu 2 sind schon in 1 enthalten.

Klassenarbeit Nr. 8   Seite 86 – 90

1 a) 1 A, 2 B, 3 B, 4 A, 5 A, 6 A
Beispiellösung
Für die Ausformulierung der Behauptung gibt es jeweils einen Punkt und dann noch jeweils einen für die richtige Begründung. Prüfe deine Lösung kritisch. Vielleicht findest du jemanden, der dir bei der Korrektur und Bewertung hilft.
Man kann neue Eindrücke sammeln, weil man eine unbekannte Stadt bereist.
Die Klassengemeinschaft wird gestärkt, weil man Erlebnisse miteinander teilt und der Teamgeist gefordert ist.
Die Selbstständigkeit wird gefördert, weil der Schüler Verantwortung für sein eigenes Handeln übernehmen muss.
Neue Mitschüler können sich integrieren, weil sich die Schüler untereinander besser kennen lernen.
Der Literaturunterricht kann anschaulich gestaltet werden, weil man auf den Spuren von heimischen Dichtern wandeln kann.
Die Schüler erhalten Geschichtsunterricht an Originalschauplätzen, weil die alten Bauwerke von historischen Handlungen zeugen.
b) A 6, B,4, C 1, D 3, E 5, F 2

2 1. Der Park bietet einen ungewöhnlichen Minigolfparcours, weil nur Teile der Bahn im Schwarzlicht beleuchtet sind. So liegen beispielsweise Kurven und Hindernisse im Dunkeln.
2. Dort wird der Spieltrieb geweckt, denn es gibt ein großes Angebot an Wettkampfspielen, z. B. Billiardtische, Kickerplatten und Flipperautomaten.
3. Es bieten sich tolle Möglichkeiten für Fotos, da es Schminke und Requisiten für lustige Fotoaufnahmen gibt. Du kannst dich als Kaiser auf dem Denkmal, als Brückenheiliger oder Straßenkünstler vor Neonkulisse ablichten lassen.
4. Man kann gemeinsam eine Pause machen, da auch Sitzgelegenheiten und Getränke angeboten werden. Es sind sogar zwei antialkoholische Getränke im Eintrittspreis inbegriffen, die zu eine Pause einladen.

3 Beispiellösungen:
Prüfe deine Lösung kritisch. Vielleicht findest du jemanden, der dir bei der Korrektur und Bewertung hilft.
a) So eine Fahrt können sich nicht alle Eltern leisten, weil die Kosten für Unterkunft, Anfahrt und Verpflegung in einer Stadt hoch sein können. So zahlt ein Schüler für eine 5-tägige Reise nach Dresden sicherlich 270,– Euro und braucht dazu noch ein Taschengeld.
b) Es gibt den ganzen Tag Gruppenzwang, weil die Klasse die meiste Zeit zusammen ist und alles gemeinsam macht. So wird beispielsweise im Zimmer bestimmt, wie lange man aufbleibt, wer wo schläft und wer wann das Bad benutzen kann. In der Woche hat man kaum Zeit für sich selbst, sondern läuft im Rudel durch die Stadt.
c) Bei einer Woche Klassenfahrt fallen zu viele Stunden aus, denn nicht nur der Unterricht in dieser einen Woche fällt weg, sondern es werden auch Stunden für die Organisation gebraucht, sodass kein regulärer Unterricht stattfinden kann. Somit fallen den Schülern in einer Woche 30 Unterrichtsstunden aus, in denen sie auf Prüfungen vorbereitet werden könnten.
d) Die Vorbereitung für eine Reise ist zu aufwendig, weil eine Klassenfahrt genau geplant sein sollte. So muss man nicht nur an die Unterkunft und die Anreise denken, sondern es sollte auch ein detailliertes Programm für die Tage erstellt und organisiert werden.
e) Die anderen Lehrer müssen Vertretungen halten, weil man auf einer Klassenfahrt immer zwei Begleitlehrkräfte braucht und somit Stunden ausfallen, die dann die anderen Lehrer halten müssen. Lehrer unterrichten normalerweise nicht nur in einer Klasse, sodass die Stunden in anderen Klassen vertreten werden müssen. Das sind in der Regel bis zu 20 Stunden die Woche, die von anderen Lehrern übernommen werden müssen.

45 – 37 Punkte	36 – 24 Punkte	23 – 0 Punkte
Super!	In Ordnung!	Bitte noch einmal üben!

7 Vorarbeiten zur Erörterung

Test 1: Clever beginnen — Seite 98–99

1. b) Lust zur Selbstdarstellung
   c) Nacheifern von Vorbildern
   d) Erlangen von Berühmtheit
   e) Darstellung der Fähigkeiten
   f) Vertiefung der Kenntnisse
   g) Erreichen internationaler Bekanntheit
   h) Erwerb von Reichtum
   i) Garantie für Spaß
   j) Verarbeitung der Niederlagen
   k) Gefährdung des Privatlebens

2. Maßnahmen seitens der Banken
   Schulische Maßnahmen
   Individuelle Maßnahmen
   Gesellschaftliche Maßnahmen
   Familiäre Maßnahmen
   Maßnahmen seitens der Werbung und der Medien
   Maßnahmen der Politik

3. a)
   1. Gefahren für die Gesellschaft
   a) Höhere Gewaltbereitschaft bei Jugendlichen
   b) Gefahr im Straßenverkehr (M2, Z. 5–9)
   c) Vandalismus in Gebäuden oder auf der Straße

   b) Gründe: Entspannung, Enthemmung
   Folgen: Risikobereitschaft, gesenkte Reaktionsbereitschaft, Torkeln

Klassenarbeit Nr. 9 — Seite 100–101

1. Schlüsselbegriffe: Grundvoraussetzung – Jugendlicher – Ausbildung
   Einschränkung: Jugendlicher

2. eingliedrig

3. Welche Grundvoraussetzungen braucht der Jugendliche, wenn er eine Ausbildung beginnt?
   Der Jugendliche braucht einige Grundvoraussetzungen, wenn er eine Ausbildung beginnt.

4. a) formale Voraussetzungen, persönliche Voraussetzungen, persönliche Eigenschaften
   b)
   A. einleitender Gedanke
   B. Dachsatz
      I. Formale Voraussetzungen
        1. Kenntnisse im Deutschen
        2. Geeignete Qualifikationen
        3. Erreichte Altersgrenze
        4. Erreichter Schulabschluss
      II. Persönliche Einsatzbereitschaft

     1. Flexibilität und Mobilität im Beruf
     2. Bereitschaft auch für unangenehme Arbeiten
   III. Eigene Charaktereigenschaften
     1. pünktliches Erscheinen
     2. Geduld und Ausdauer
     3. Interesse an der Tätigkeit
C. Schlussgedanke

B. Gründe gegen eine Bewerbung bei einer Castingshow
   1. Allgemeine Risiken bei der Vorbereitung
     a) Verlust von Freunden
   2. Risiken bei Misserfolgen
     a) öffentlicher Spott in den Medien
     b) verletzende Beleidigungen durch die Jury
     c) Niederlagen müssen verarbeitet werden
   3. Risiken bei Erfolg
     a) Verlust des Privatlebens
     b) Gefährdung schulischer oder beruflicher Ziele
     c) Stress

1. Fehler: Das Aufzählungszeichen ist falsch. Hier müssen römische Zahlen stehen.
2. Fehler: Hier ist nur ein Unterpunkt. Man muss den Oberpunkt streichen
3. Fehler: Der Unterpunkt ist im Verbalstil verfasst, die anderen im Nominalstil. Verarbeitung von Niederlagen
4. Fehler: Der Unterpunkt besteht aus nur einem Wort. Besser: Zunahme von Stress

45 – 37 Punkte	36 – 23 Punkte	22 – 0 Punkte
Super!	In Ordnung!	Bitte noch einmal üben!

8 Ausarbeitung einer Erörterung

Test 1: Erörterungen einüben
Seite 108 – 110

1 1 C, 2 A, 3 E
Einleitung 1: Die Folgen wurden nicht angesprochen.
Einleitung 2: Die Gründe wurden nicht angesprochen.
Einleitung 3: Der Dachsatz passt nicht. Das Thema heißt: „Schüler lesen wenig". Im Dachsatz wurde es falsch formuliert: „Die Schüler lesen nicht."

2 a) I.1. einfaches Argument, I.2. komplexes Argument
b) 1x Behauptung, 1x Begründung, 1x Beispiel, 1x Rückführung
c) Behauptung (Oberpunkt), Behauptung (Unterpunkt), Begründung, Beispiel, Folge, Behauptung (Unterpunkt), Begründung, Beispiel, Folge, Rückführung

3 Beispiellösung:
Prüfe deine Lösung kritisch. Vielleicht findest du jemanden, der dir bei der Korrektur und Bewertung hilft.
Eine der Folgen ist, dass die Schüler eine geringere Bildung besitzen. Dazu zählt ein schwaches Allgemeinwissen, weil sie keine aktuellen Informationen aus den Zeitungen entnehmen. So wissen sie z. B. nichts über die Hintergründe des Dieselautoproblems und über die Luftverschmutzung in den Städten durch die alten Dieselautos, die bei niedrigen Temperaturen zum Selbstschutz des Motors die Filteranlage abschalten können. Darüber hinaus haben sie eine nur beschränkte Sichtweise auf aktuelle Geschehnisse, da ihre Informanten nur Eltern und Freunde sind. Diese berichten vielleicht über aktuelle Ereignisse, aber neben den Fakten wird auch gleich der eigene Standpunkt vermittelt, den die Schüler dann gleich mit übernehmen. Somit haben sie keine Chancen, sich ihre eigene Meinung zu bilden. Lesemuffel haben also ein schwaches Allgemeinwissen und eine nur eingeschränkte Sichtweise auf aktuelle Geschehnisse.

Klassenarbeit Nr. 10
Seite 111 – 116

1 a) eingliedriges
b) Schlüsselwörter neuer, Nationalpark, Deutschland, Beweggründe, für, Errichtung

2 1 / 2 / 3 / 6 / 8 / 9 / 10

3 Beispiellösung:
Prüfe deine Lösung kritisch. Zieh dir für jeden erkannten Fehler einen Punkt ab. Vielleicht findest du jemanden, der dir bei der Korrektur und Bewertung hilft.
Der Nationalparkgedanke ist schon fast 150 Jahre alt und schon damals begründete man die Errichtung eines Nationalparks damit, dass auch unsere Kinder und Kindeskinder die intakte Natur in Zukunft noch erleben sollen. So wurde bei der Eröffnung des ersten Nationalparks der Welt – dem Yellowstone Nationalpark – folgendes gesagt: „Zum Wohle und zur Freude des Volkes und der zukünftigen Generationen!" (M 2) Auch in Deutschland gibt es schon Nationalparks, die die Natur in ihrer Ursprünglichkeit bewahren sollen. Nun soll ein weiterer Park dazukommen. Deshalb stellt sich mir die Frage, welche weiteren Beweggründe es gibt, einen Nationalpark in Deutschland zu errichten.

4 Nun möchte ich damit beginnen, die einzelnen Beweggründe für die Erschaffung eines Nationalparks zu erörtern. – Einerseits … – weil / da … – beispielsweise, z. B. – Ebenfalls / Außerdem … – z. B. … – Andererseits … – denn … – nämlich, beispielsweise … – nicht nur … – sondern auch …

5 Das Totholz, das in einem geschützten Wald auf dem Boden liegen bleiben darf, ist nämlich in der Lage, viel Wasser zu speichern, so dass es bei Starkregen nicht zu Bodenerosion kommt. (siehe M 10)
Da in einem Nationalpark weder gedüngt noch Gülle ausgefahren wird, kann das Regenwasser gefiltert durch den durchlässigen und sauberen Waldboden in das Grundwasser gelangen und wir werden dementsprechend mit einer guten Trinkwasserqualität belohnt. (siehe M 10)
Gerade alte Bäume, die in einem Nationalpark nicht abgeholzt werden, nehmen mehr CO_2 auf als vergleichsweise junge Bäume von bis zu 150 Jahren, die in bewirtschafteten Forsten stehen. (siehe M 10)

6 Beispiellösung

Prüfe deine Lösung kritisch. Zieh dir für jeden erkannten Fehler einen Punkt ab. Vielleicht findest du jemanden, der dir bei der Korrektur und Bewertung hilft.

Ein Nationalpark kann die wirtschaftliche Lage eines Gebietes verbessern. (1) Da wären zunächst die Einnahmen aus dem Tourismus zu nennen (1), da das Gebiet durch die Ernennung zum Nationalpark bekannt gemacht wird und die naturhistorischen Sehenswürdigkeiten die Besucher anlocken (siehe M 8). (1) So haben die Besucherzahlen im Bayerischen Wald stark zugenommen, da ein Baumwipfelpfad errichtet wurde, für den man Eintritt bezahlen muss, und die Besucher auch Luchse in einem Freigehege besuchen können. (1) Diese Attraktionen führen dazu, dass die Touristen anreisen, Parkgebühren verrichten, Speisen und Getränke zahlen und eventuell auch übernachten wollen. Und das wiederum führt zu größeren Einnahmen der Tourismusbranche. (1)

Der Naturpark wird andererseits auch zu einem bedeutsamen Arbeitgeber für die Region (1), da für den Park selbst und auch in der Tourismusbranche Arbeitskräfte benötigt werden.(1) Der Park muss verwaltet und geschützt werden, so dass es Verwaltungskräfte und Ranger bedarf, die Infrastruktur muss geschaffen und gepflegt werden, so dass auch das Baugewerbe von der Errichtung des Parks profitiert, und auch die Arbeitskräfte in der Tourismusbranche werden benötigt, als Restaurantmitarbeiter, Hotelfachkräfte, Kassenpersonal und für die Besucherinformation bzw. –bildung. (siehe M 8). (1) Somit wird der Wald nicht nur zum Beschützer der Tiere und der Natur, sondern er hilft auch den Bewohnern in den umliegenden Gebieten wirtschaftlich. (1)

7 Beispiellösungen

Prüfe deine Lösung kritisch. Zieh dir für jeden erkannten Fehler einen Punkt ab. Vielleicht findest du jemanden, der dir bei der Korrektur und Bewertung hilft.

a) Erwähnt werden sollte schließlich auch noch, dass ein Nationalpark auch ein Erholungsort für den Menschen ist, da er hier seinen Stress abbauen und etwas für seine Fitness und Gesundheit tun kann. So kann er auf gut ausgebauten Wegen „noch besser wandern und die Natur genießen"(M 3) und er kann die Wege für das Laufen benutzen und bekommt somit den Kopf frei von Gedanken an den Alltag. Oder er kann es auch wie die Asiaten machen und ein „Waldbad" nehmen, das das Immunsystem unterstützt. Der Wald und die Natur bieten dem Menschen viele Möglichkeiten, sich zu erholen.

b) Und schließlich ist der Schutz des Waldes für die Forschung von großer Bedeutung, da die Wissenschaftler hier die natürlichen Lebensgemeinschaften zwischen Tieren und Pflanzen studieren können. Es kann beispielsweise beobachtet werden, wie Bäume und Pilze miteinander in Symbiose leben und sich gegenseitig bei der Nahrungsversorgung helfen, oder es kann erforscht werden, welche Pflanzen und Tiere sich leichter an den Klimawandel anpassen können. Diese Ergebnisse können dann auch auf die Kulturlandschaften übertragen werden. Somit ist die Forschung in natürlichen Umgebungen, die es meist nur in Nationalparks gibt, auch für den Menschen von großem Nutzen.

Beispiellösung

Prüfe deine Lösung kritisch. Zieh dir für jeden erkannten Fehler einen Punkt ab. Vielleicht findest du jemanden, der dir bei der Korrektur und Bewertung hilft.

Nach der Erörterung einiger Beweggründe für die Errichtung eines Nationalparks komme ich zu dem Schluss, dass es wichtig ist, der Natur in einigen Gebieten Deutschlands Raum zu geben, sich ohne den Eingriff von Menschen zu entwickeln. Wir sind es einerseits unseren Kindern schuldig, dass auch sie noch den Wald in seiner urtümlichen Gestalt erleben dürfen, sich daran erfreuen und sich in ihm erholen können. Auch für die Forschung ist es meiner Meinung nach wichtig, dass es Landstriche gibt, die sich selbst überlassen sind, damit die Auswirkungen des Klimas und die gegenseitigen Abhängigkeiten von Tier und Pflanze auch gründlich erforscht werden können. Aber ich gebe auch zu bedenken, dass es in Deutschland durch die Schaffung von Nationalparks Eingriffe in das Recht von Menschen geben wird, vor allem in das Eigentumsrecht.

52 – 43 Punkte	42 – 27 Punkte	26 – 0 Punkte
Super!	In Ordnung!	Bitte noch einmal üben!

Klassenarbeit Nr. 11 Seite 117–120

1 Punkte gibt es für die vier fettgedruckten Schlüsselwörter und die richtige Position. Siehe auch Lösung Aufgabe 2.
a) Für jede richtige Zahl / jeden richtigen Buchstaben gibt es einen halben Punkt.
b) Für die richtige Zuordnung und Umformulierung gibt es jeweils einen Punkt.

A	Gestern bekam ich einen neuen Reisekatalog zugeschickt.
B	Was sind die **Gründe** dafür, dass **extreme Freizeitbeschäftigungen** im **Fernurlaub** immer beliebter werden und was sind die **Nachteile** dieser Freizeitbeschäftigung?

I	Gründe für die Beliebtheit extremer Freizeitbeschäftigungen
1.	Motive für soziales Miteinander
a)	Kennenlernen von Gleichgesinnten
b)	mehr Spaß durch Gemeinschaftserlebnis

2.	Individuelle Motive
a)	wenig Eigenorganisation
b)	angenehmer Ausgleich zum Alltag
c)	Austesten der eigenen Grenzen
d)	Erlangen von Selbstbestätigung
II	Nachteile extremer Freizeitbeschäftigungen
1.	Nachteile für den Einzelnen
a)	Überschätzung der eigenen Fähigkeiten
b)	große Verletzungsgefahr
c)	geringe Erholung im Urlaub
d)	teurer Urlaubsspaß
2.	Nachteile für die Umwelt
a)	Belastung der Umwelt durch die Fluganreise
b)	Störung der empfindlichen Ökosysteme
C	Nervenkitzel im Urlaub ist oft keine Erholung.

2 Beispiellösung
Prüfe deine Lösung kritisch. Zieh dir für jeden erkannten Fehler einen Punkt ab. Vielleicht findest du jemanden, der dir bei der Korrektur und Bewertung hilft.
Als ich gestern nach Hause kam, steckte

im Briefkasten ein Reisekatalog von einem Unternehmen, das sich auf extreme Freizeitbeschäftigungen im Urlaub spezialisiert hat. Der Katalog wird von Jahr zu Jahr umfangreicher, so dass bestimmt für jeden etwas zu finden ist, auch für mich. Da ich schon immer gern einmal Fallschirmspringen wollte und keine Lust auf einen langen Kurs im kalten Deutschland habe, blätterte ich munter im Katalog und suchte nach einem geeigneten Angebot. Dabei entdeckte ich aber auch Angebote zum Shark-Diving und zum Bergsteigen im Himalaja. Ob da nicht leicht etwas passieren kann? Sind das nicht übertriebene Aktivitäten im Urlaub? Deshalb stellt sich mir die Frage, was die Gründe dafür sind, dass extreme Freizeitbeschäftigungen im Fernurlaub immer beliebter werden, und was die Nachteile dieser Freizeitbeschäftigung sind?

3 Beispiellösung
Prüfe deine Lösung kritisch. Zieh dir für jeden erkannten Fehler einen Punkt ab. Vielleicht findest du jemanden, der dir bei der Korrektur und Bewertung hilft.
a) Zunächst komme ich zu den Gründen für die Beliebtheit dieser extremen Freizeitbeschäftigungen im Urlaub.
Da wären zunächst die Motive für ein soziales Miteinander zu erwähnen.
Während eines Urlaubs mit extremen Freizeitbeschäftigungen lernt man Gleichgesinnte kennen, weil nur die Personen eine solche Reise buchen, die ähnliche Hobbys haben und körperlich fit sind. Bucht man beispielsweise eine Trekkingtour durch Peru, so trifft man sicherlich sportliche und auch naturbegeisterte Menschen, die an dieser Art von Urlaub ihre Freude haben. Bei einer Wüstendurchquerung mit dem Jeep trifft man wohl auf praktische und unkomplizierte Menschen, die auch einmal eine Nacht auf eine weiches Hotelbett verzichten können und in der Lage sind, ein Feuer zu entzünden.
Auch macht diese Art des Reisens mehr Spaß in der Gruppe, da das Erleben vielfältiger Abenteuer in der Gruppe viel intensiver ist und viel Gesprächstoff liefert. Überwindet man beispielsweise einen Fluss mit einem gemeinsam gebauten Floß, so schweißt das Erlebnis zusammen und die Gespräche über das Bestehen der Aufgabe intensivieren das Abenteuer noch.
Folglich ist diese Art des Reisens immer auch eine Suche nach einem Gruppenerlebnis mit Gleichgesinnten.
b) Behauptung, Beispiel, Begründung, Folge, Überleitung
c) mögliche Ausformulierung
Man kann bei solchen Abenteuern seine

Grenzen testen, denn oft werden bei Abenteuern Kraft, Orientierung und Ausdauer gefordert, die man im Berufsleben nicht immer unbedingt benötigt. So sollte man schon in der Lage sein, den ganzen Tag ruhig im Kanu zu sitzen, kräftig zu paddeln und auch noch den Weg zu finden, ohne dass man seinen Mitreisenden zur Last fällt, indem man alle aufhält oder sich gar mitziehen lässt. Schließlich kann man durch das Bestehen eines solchen Abenteuers auch viel Selbstbestätigung erlangen, denn man hat eine Aufgabe bewältigt, ist an seine Grenzen gegangen, hat durchgehalten und den inneren Schweinehund besiegt. Ich hatte beispielsweise in Florida einen Kurs zum Fallschirmfliegen gebucht und trotz Höhenangst habe ich den Schritt aus dem Flugzeug gewagt und habe es geschafft, den Sprung zu genießen. Somit weiß ich jetzt, mein Wille ist stark genug, meine Angst zu überwinden.

4 Beispiellösung:

a) Zunächst komme ich zu den Gründen für die Beliebtheit dieser extremen Freizeitbeschäftigungen im Urlaub.

Da wären zunächst die Motive für ein soziales Miteinander zu erwähnen.

Während eines Urlaubs mit extremen Freizeitbeschäftigungen lernt man Gleichgesinnte kennen, weil nur die Personen eine solche Reise buchen, die ähnliche Hobbys haben und körperlich fit sind. Bucht man beispielsweise eine Trekkingtour durch Peru, so trifft man sicherlich sportliche und auch naturbegeisterte Menschen, die an dieser Art von Urlaub ihre Freude haben. Bei einer Wüstendurchquerung mit dem Jeep trifft man wohl auf praktische und unkomplizierte Menschen, die auch einmal eine Nacht auf eine weiches Hotelbett verzichten können und in der Lage sind, ein Feuer zu entzünden.

Auch macht diese Art des Reisens mehr Spaß in der Gruppe, da das Erleben vielfältiger Abenteuer in der Gruppe viel intensiver ist und viel Gesprächstoff liefert. Überwindet man beispielsweise einen Fluss mit einem gemeinsam gebauten Floß, so schweißt das Erlebnis zusammen und die Gespräche über das Bestehen der Aufgabe intensivieren das Abenteuer noch.

Folglich ist diese Art des Reisens immer auch eine Suche nach einem Gruppenerlebnis mit Gleichgesinnten.

b) (1) Behauptung, (2) Beispiel, (3) Begründung, (4) Folge, (5) Überleitung

c) mögliche Ausformulierung

Man kann bei solchen Abenteuern seine Grenzen testen, denn oft werden bei Abenteuern Kraft, Orientierung und Ausdauer gefordert, die man im Berufsleben nicht immer unbedingt benötigt. So sollte man schon in der Lage sein, den ganzen Tag ruhig im Kanu zu sitzen, kräftig zu paddeln und auch noch den Weg zu finden, ohne dass man seinen Mitreisenden zur Last fällt, indem man alle aufhält oder sich gar mitziehen lässt. Schließlich kann man durch das Bestehen eines solchen Abenteuers auch viel Selbstbestätigung erlangen, denn man hat eine Aufgabe bewältigt, ist an seine Grenzen gegangen, hat durchgehalten und den inneren Schweinehund besiegt. Ich hatte beispielsweise in Florida einen Kurs zum Fallschirmfliegen gebucht und trotz Höhenangst habe ich den Schritt aus dem Flugzeug gewagt und habe es geschafft, den Sprung zu genießen. Somit weiß ich jetzt, mein Wille ist stark genug, meine Angst zu überwinden.

5 a) Überforderung mit einem Fernurlaub mit extremen Freizeitbeschäftigungen

b) kleine Abenteuer in Europa

52–43 Punkte	42–27 Punkte	26–0 Punkte
Super!	In Ordnung!	Bitte noch einmal üben!

Stichwortregister